U0092684

書名：地經圖說
系列：心一堂術數珍本古籍叢刊　堪輿類
作者：〔清〕佘九皋

主編、責任編輯：陳劍聰
心一堂術數珍本古籍叢刊編校小組：陳劍聰　素聞　梁松盛　鄒偉才　虛白盧主

出版：心一堂有限公司
電話號碼：+852-6715-0840
地址／門市：香港九龍尖沙咀東麼地道六十三號好時中心LG 六十一室
網址：www.sunyata.cc
電郵：sunyatabook@gmail.com
網上書店：http://book.sunyata.cc
網上論壇：http://bbs.sunyata.cc/

版次：二零一三年十月初版
平裝

定價：人民幣　一百零八元正
港幣　　一百零八元正
新台幣　三百九十八元正

國際書號：ISBN 978-988-8266-14-2

香港及海外發行：香港聯合書刊物流有限公司
地址：香港新界大埔汀麗路三十六號中華商務印刷大廈三樓
電話號碼：+852-2150-2100
傳真號碼：+852-2407-3062
電郵：info@suplogistics.com.hk

台灣發行：秀威資訊科技股份有限公司
地址：台灣台北市內湖區瑞光路七十六巷六十五號一樓
電話號碼：+886-2-2796-3638
傳真號碼：+886-2-2796-1377
網路書店：www.govbooks.com.tw
www.bodbooks.com.tw

經銷：易可數位行銷股份有限公司
地址：台灣新北市新店區寶橋路二三五巷六弄三號五樓
電話號碼：+886-2-8911-0825
傳真號碼：+886-2-8911-0801
email：book-info@ecorebooks.com
易可部落格：http://ecorebooks.pixnet.net/blog

中國大陸發行・零售：心一堂書店
深圳地址：中國深圳羅湖立新路六號東門博雅負一層零零八號
電話號碼：+86-755-8222-4934
北京地址：中國北京東城區雍和宮大街四十號
心一店淘寶網：http://sunyatacc.taobao.com

心一堂術數古籍珍本叢刊 總序

術數定義

術數，大概可謂以「推算、推演人(個人、群體、國家等)、事、物、自然現象、時間、空間方位等規律及氣數，並或通過種種『方術』，從而達致趨吉避凶或某種特定目的」之知識體系和方法。

術數類別

我國術數的內容類別，歷代不盡相同，例如《漢書・藝文志》中載，漢代術數有六類：天文、曆譜、無行、蓍龜、雜占、形法。至清代《四庫全書》，術數類則有：數學、占候、相宅相墓、占卜、命書、相書、陰陽五行、雜技術等，其他如《後漢書・方術部》、《藝文類聚・方術部》、《太平御覽・方術部》等，對於術數的分類，皆有差異。古代多把天文、曆譜、及部份數學均歸入術數類，而民間流行亦視傳統醫學作為術數的一環；此外，有些術數與宗教中的方術亦往往難以分開。現代學界則常將各種術數歸納為五大類別：命、卜、相、醫、山，通稱「五術」。

本叢刊在《四庫全書》的分類基礎上，將術數分為九大類別：占筮、星命、相術、堪輿、選擇、三式、讖緯、理數(陰陽五行)、雜術。而未收天文、曆譜、算術、宗教方術、醫學。

術數思想與發展——從術到學，乃至合道

我國術數是由上古的占星、卜蓍、形法等術發展下來的。其中卜蓍之術，是歷經夏商周三代而通過「龜卜、蓍筮」得出卜(卦)辭的一種預測(吉凶成敗)術，之後歸納並結集成書，此即現傳之《易經》。經過春秋戰國至秦漢之際，受到當時諸子百家的影響、儒家的推祟，遂有《易傳》等的出現，原本是卜蓍術書的《易經》，被提升及解讀成有包涵「天地之道(理)」之學。因此，《易・繫辭傳》曰：「易與天地準，故能彌綸天地之道。」

漢代以後，易學中的陰陽學說，與五行、九宮、干支、氣運、災變、律曆、卦氣、讖緯、天人感應說等相結合，形成易學中象數系統。而其他原與《易經》本來沒有關係的術數，如占星、形法、選擇，亦漸漸以易理（象數學說）為依歸。《四庫全書．易類小序》云：「術數之興，多在秦漢以後。要其旨，不出乎陰陽五行，生尅制化。實皆《易》之支派，傅以雜說耳。」至此，術數可謂已由「術」發展成「學」。

及至宋代，術數理論與理學中的河圖洛書、太極圖、邵雍先天之學及皇極經世等學說給合，通過術數以演繹理學中「天地中有一太極，萬物中各有一太極」（《朱子語類》）的思想。術數理論不單已發展至十分成熟，而且也從其學理中衍生一些新的方法或理論，如《梅花易數》、《河洛理數》等。

在傳統上，術數功能往往不止於僅僅作為趨吉避凶的方術，及「能彌綸天地之道」的學問，亦有其「修心養性」的功能，「與道合一」（修道）的內涵。《素問．上古天真論》：「上古之人，其知道者，法於陰陽，和於術數。」數之意義，不單是外在的算數、歷數、氣數，而是與理學中同等的「道」、「理」——心性的功能，北宋理氣家邵雍對此多有發揮：「聖人之心，是亦數也」、「萬化萬事生乎心」、「心為太極」。《觀物外篇》：「先天之學，心法也。⋯⋯蓋天地萬物之理，盡在其中矣，心一而不分，則能應萬物。」反過來說，宋代的術數理論，受到當時理學、佛道及宋易影響，認為心性本質上是等同天地之太極。天地萬物氣數規律，能通過內觀自心而有所感知，即是內心也已具備有術數的推演及預測、感知能力；相傳是邵雍所創之《梅花易數》，便是在這樣的背景下誕生。

《易．文言傳》已有「積善之家，必有餘慶；積不善之家，必有餘殃」之說，至漢代流行的災變說及讖緯說，我國數千年來都認為天災，異常天象（自然現象），皆與一國或一地的施政者失德有關；下至家族、個人之盛衰，也都與一族一人之德行修養有關。因此，我國術數中除了吉凶盛衰理數之外，人心的德行修養，也是趨吉避凶的一個關鍵因素。

術數與宗教、修道

在這種思想之下，我國術數不單只是附屬於巫術或宗教行為的方術，又往往已是一種宗教的修煉手段——通過術數，以知陰陽，乃至合陰陽（道）。「其知道者，法於陰陽，和於術數。」例如，「奇門遁甲」術中，即分為「術奇門」與「法奇門」兩大類。「法奇門」中有大量道教中符籙、手印、存想、內煉的內容，是道教內丹外法的一種重要外法修煉體系。甚至在雷法一系的修煉上，亦大量應用了術數內容。此外，相術、堪輿術中也有修煉望氣色的方法；堪輿家除了選擇陰陽宅之吉凶外，也有道教中選擇適合修道環境(法、財、侶、地中的地)的方法，以至通過堪輿術觀察天地山川陰陽之氣，亦成為領悟陰陽金丹大道的一途。

易學體系以外的術數與的少數民族的術數

我國術數中，也有不用或不全用易理作為其理論依據的，如楊雄的《太玄》、司馬光的《潛虛》。也有一些占卜法、雜術不屬於《易經》系統，不過對後世影響較少而已。

外來宗教及少數民族中也有不少雖受漢文化影響(如陰陽、五行、二十八宿等學說)但仍自成系統的術數，如古代的西夏、突厥、吐魯番等占卜及星占術，藏族中有多種藏傳佛教占卜術、苯教占卜術、擇吉術、推命術、相術等；北方少數民族有薩滿教占卜術；不少少數民族如水族、白族、布朗族、佤族、彝族、苗族等，皆有占雞(卦)草卜、雞蛋卜等術，納西族的占星術、占卜術，彝族畢摩的推命術、占卜術…等等，都是屬於《易經》體系以外的術數。相對上，外國傳入的術數以及其理論，對我國術數影響更大。

曆法、推步術與外來術數的影響

我國的術數與曆法的關係非常緊密。早期的術數中，很多是利用星宿或星宿組合的位置(如某星在某州或某宮某度)付予某種吉凶意義，并據之以推演，例如歲星(木星)、月將(某月太陽所躔之宮次)等。不過，由於不同的古代曆法推步的誤差及歲差的問題，若干年後，其術數所用之星辰的位置，已與真實星辰的位置不一樣了；此如歲星(木星)，早期的曆法及術數以十二年為一周期(以應地支)，與木星真實周期十一點八六年，每幾十年便錯一宮。後來術家又設一「太歲」的假想星體來解決，是歲星運行的相反，週期亦剛好是十二年。而術數中的神煞，很多即是根據太歲的位置而定。又如六壬術中的「月將」，原是立春節氣後太陽躔娵訾之次而稱作「登明亥將」，至宋代，因歲差的關係，要到雨水節氣後太陽才躔娵訾之次，當時沈括提出了修正，但明清時六壬術中「月將」仍然沿用宋代沈括修正的起法沒有再修正。

由於以真實星象周期的推步術是非常繁複，而且古代星象推步術本身亦有不少誤差，大多數術數除依曆書保留了太陽(節氣)、太陰(月相)的簡單宮次計算外，漸漸形成根據干支、日月等的各自起例，以起出其他具有不同含義的眾多假想星象及神煞系統。唐宋以後，我國絕大部份術數都主要沿用這一系統，也出現了不少完全脫離真實星象的術數，如《子平術》、《紫微斗數》、《鐵版神數》等。後來就連一些利用真實星辰位置的術數，如《七政四餘術》及選擇法中的《天星選擇》，也已與假想星象及神煞混合而使用了。

隨着古代外國曆(推步)、術數的傳入，如唐代傳入的印度曆法及術數，元代傳入的回回曆等，其中我國占星術便吸收了印度占星術中羅睺星、計都星等而形成四餘星，又通過阿拉伯占星術而吸收了其中來自希臘、巴比倫占星術的黃道十二宮、四元素學說(地、水、火、風)，並與我國傳統的二十八宿、五行說、神煞系統並存而形成《七政四餘術》。此外，一些術數中的北斗星名，不用我國傳統的星名：天樞、天璿、天璣、天權、玉衡、開陽、搖光，而是使用來自印度梵文所譯的：貪狼、巨門、祿存、文曲，廉貞、武曲、破軍等，此明顯是受到唐代從印度傳入的曆法及占星術所影響。如星命術的《紫微斗數》及堪輿術的《撼龍經》等文獻中，其星皆用印度譯名。及至清初《時憲曆》，置潤之法則改用西法「定氣」。清代以後的術數，又作過不少的調整。

術數在古代社會及外國的影響

術數在古代社會中一直扮演着一個非常重要的角色，影響層面不單只是某一階層、某一職業、某一年齡的人，而是上自帝王，下至普通百姓，從出生到死亡，不論是生活上的小事如洗髮、出行等，大事如建房、入伙、出兵等，從個人、家族以至國家，從天文、氣象、地理到人事、軍事，從民俗、學術到宗教，都離不開術數的應用。如古代政府的中欽天監(司天監)，除了負責天文、曆法、輿地之外，亦精通其他如星占、選擇、堪輿等術數，除在皇室人員及朝庭中應用外，也定期頒行日書、修定術數，使民間對於天文、日曆用事吉凶及使用其他術數時，有所依從。

在古代，我國的漢族術數，甚至影響遍及西夏、突厥、吐蕃、阿拉伯、印度、東南亞諸國、朝鮮、日本、越南等地，其中朝鮮、日本、越南等國，一至到了民國時期，仍然沿用着我國的多種術數。

術數研究

術數在我國古代社會雖然影響深遠，「是傳統中國理念中的一門科學，從傳統的陰陽、五行、九宮、八卦、河圖、洛書等觀念作大自然的研究。……傳統中國的天文學、數學、煉丹術等，要到上世紀中葉始受世界學者肯定。可是，術數還未受到應得的注意。術數在傳統中國科技史、思想史，文化史、社會史，甚至軍事史都有一定的影響。……更進一步了解術數，我們將更能了解中國歷史的全貌。」（何丙郁《術數、天文與醫學 中國科技史的新視野》，香港城市大學中國文化中心。）

可是術數至今一直不受正統學界所重視，加上術家藏秘自珍，又揚言天機不可洩漏，「（術數）乃吾國科學與哲學融貫而成一種學說，數千年來傳衍嬗變，或隱或現，全賴一二有心人為之繼續維繫，賴以不絕，其中確有學術上研究之價值，非徒癡人說夢，荒誕不經之謂也。其所以至今不能在科學中成立一種地位者，實有數困。蓋古代士大夫階級目醫卜星相為九流之學，多恥道之；而發明諸大師又故為惝恍迷離之辭，以待後人探索；間有一二賢者有所發明，亦秘莫如深，既恐洩天地之秘，複恐譏為旁門左道，始終不肯公開研究，成立一有系統說明之書籍，貽之後世。故居今日而欲研究此種學術，實一極困難之事。」（民國徐樂吾《子平真詮評註》，方重審序）

現存的術數古籍，除極少數是唐、宋、元的版本外，絕大多數是明、清兩代的版本。其內容也主要是明、清兩代流行的術數，唐宋以前的術數及其書籍，大部份均已失傳，只能從史料記載、出土文獻、敦煌遺書中稍窺一麟半爪。

術數版本

坊間術數古籍版本，大多是晚清書坊之翻刻本及民國書賈之重排本，其中豕亥魚魯，或而任意增刪，往往文意全非，以至不能卒讀。現今不論是術數愛好者，還是民俗、史學、社會、文化、版本等學術研究者，要想得一常見術數書籍的善本、原版，已經非常困難，更遑論稿本、鈔本、孤本。在文獻不足及缺乏善本的情況下，要想對術數的源流、理法、及其影響，作全面深入的研究，幾不可能。

有見及此，本叢刊編校小組經多年努力及多方協助，在中國、韓國、日本等地區搜羅了一九四九年以前漢文為主的術數類善本、珍本、鈔本、孤本、稿本、批校本等千餘種，精選出其中最佳版本，以最新數碼技術清理、修復版面，更正明顯的錯訛，部份善本更以原色精印，務求更勝原本，以饗讀者。不過，限於編校小組的水平，版本選擇及考證、文字修正、提要內容等方面，恐有疏漏及舛誤之處，懇請方家不吝指正。

心一堂術數古籍珍本叢刊編校小組

二零零九年七月

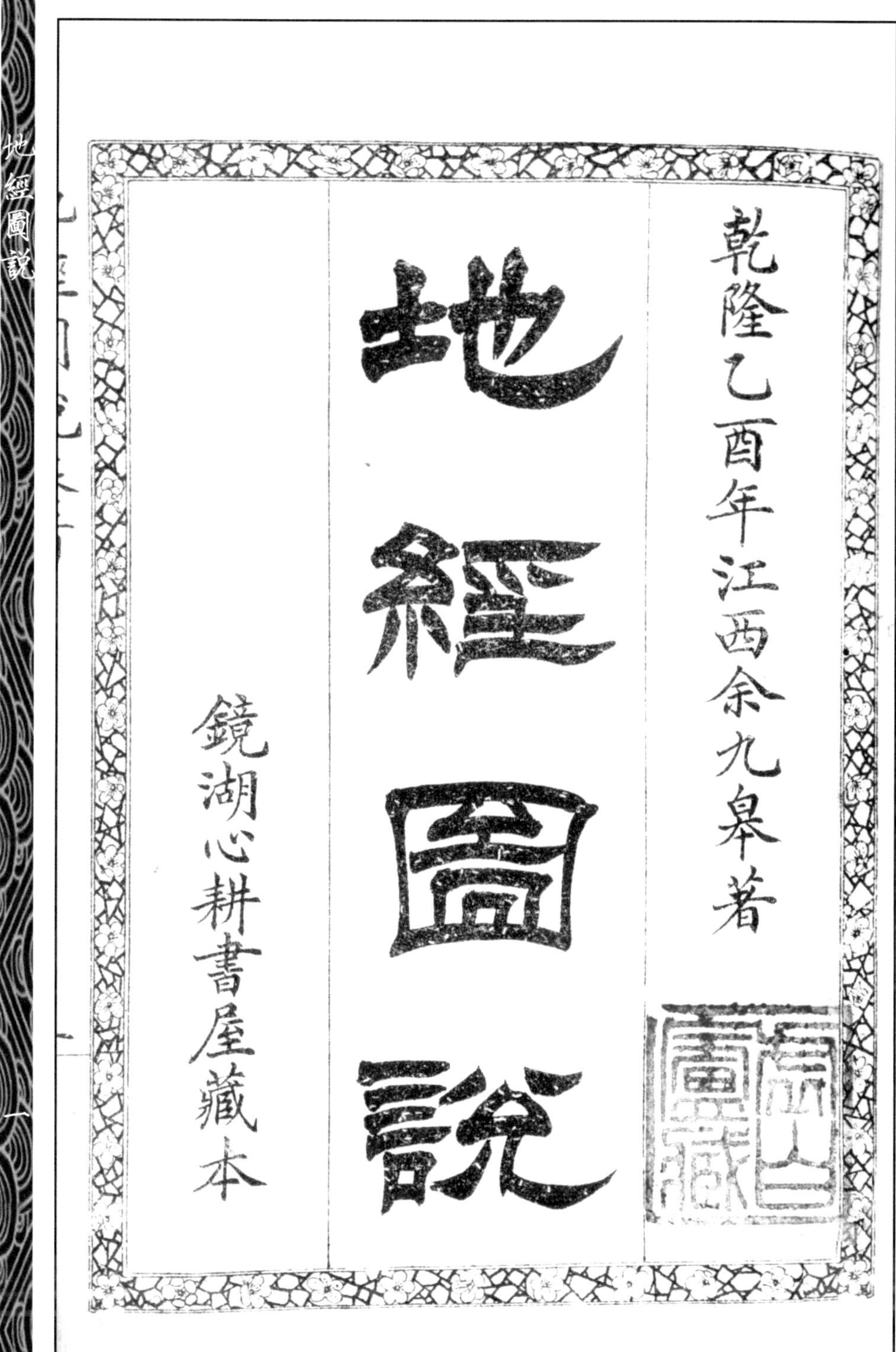

乾隆乙酉年江西余九皋著

地經圖說

鏡湖心耕書屋藏本

光緒十一年乙酉

冬同文書局石印

地經圖說序

地經圖說上下二卷江西余九皋所撰述者也上卷論地形勢先分十四盤然後繪形畫象纖悉靡遺凡為圖一百十八下卷分十二房立金木水火為四局而配以十二辰亦以圖明之用以推吉凶辨休咎并知夫富貴窮通壽夭貧賤瞭然如掌上螺紋大旨不外乎論龍知穴論穴而識水砂究本探原尚為近理說者謂形家者言始自黃帝其實後世術士所偽託也堪輿金匱之書載之漢志列於五行術數之興當在秦漢以後歟蓋相宅相墓自古有之特非若後世之博引繁稱也竊嘗稽其由來相宅為尤先詩篤公劉篇相其陰陽度其流泉書洛誥篇澗水

東瀍水西惟洛食可知古聖王卜地建都原所不廢後世方伎之流巵言叢生自誇為專門名家而於是異說日多顧葬書之源總以郭璞為鼻祖降至今日談地學者有二宗其一始於閩傳於浙其術未能盛行幾於衰熄其一曰江西之法肇於贛人楊筠叟曾文辿賴大有謝子逸輩習之尤精其為說主於形勢原其所起即其所止以定位向專指龍穴砂水之相配而其他拘泥在所不論大江以南無不遵之今覯余君之所論說猶守正道殆出於是也然則其學之本於郭氏也明矣　國初順治時有余氏真如者曾解撼龍經為地師中之矯矯者九皋殆其支派也耶九皋生當乾隆中葉按其前後蹤跡所在東粵南田

皆為其遊屐之所經羈旅之中無以自娛眺覽餘閒出其生平
獨得之秘抽豪識之以成是書未可知也鮑君秉鈞素居鐵城
平昔究心於青烏之術一旦物色而得之珍之為枕中鴻寶從
不輕出示人今歲秋間徐觀察雨之以事旋粵下榻於石清山
房與鮑君揮麈縱談言及地理之學近少傳人即著作亦寥寥
罕覯鮑君乃珍重而出是書觀察謂私於己不如公諸人秘於
家不如宣諸世請印之石以作地師之指南可乎鮑君曰善觀
察乃攜歸滬上命余以一言弁其首弁為述其緣起余維玉函
青囊之奧旨世固鮮有明者而歷來風水杳渺之說尤所弗信
向在粵中時與黎召民京卿李仲約學士瀹茗清談偶有言及

是者二君審龍察穴辨別峰砂縷析條分竟晷忘倦余從旁竊聽緒餘殊弗能解今以是書證之二君所論若有默相印合者惟是三代以上葬不擇地周官冢人墓大夫之職皆以族葬尊卑葬日咸有定期則郭璞葬書已不足憑何況其他九皋書中所云乘生氣枯骨鮮即遺體受蔭之說也是使世之惑於禍福者停棺不葬遷土無恒要當深闢也其有舍形法而言理氣者或謂亦非正宗然蔡季通宗之名儒而遊於朱子之門者也其於相地具有專書闡奧發微奉為定論蓋言術而不乖乎道言數而不悖乎理固加於人一等者也九皋其庶幾焉

光緒乙酉季冬中澣長洲王韜序於滬上淞隱廬

地經圖說

羅經解

自古地仙著書立說傳世示人首擬楊救貧疑龍撼龍等經學問淵博詞語華麗次及張子微玉髓真經繪形畫象大小悉備斯二人者乃地理之傑出者也若夫古人辨星有以五星言者有以九星言者雖五九之常變各殊二者相為表裏有以老九星立論者有天天機九星立論者雖名命不同而理則合一也究不外論龍而知穴論穴而識星星備於龍法之中穴跟於星辰之內斯砂水于以類聚焉予也始讀孔氏之書繼行地學之教幼承師父之訓壯覽山川之間觀察久而會晤深覺人之富貴輕重大小異分者莫不皆鍾於龍而人之奸淫邪盜強悍迴別者實恆產夫峯砂無如今日者正道式微異學橫行或演卦以推吉凶或執經以評休咎捕風捉影自矜神奇偶中其術遂以為加楊曾廖賴矣誰為探源究本審龍察穴辨別夫舉砂不

拘卦不執經施倒杖對尖圓定坐向任天然明呑吐識浮沉乘生氣枯骨鮮忠良出而賢哲生則地學豈有餘蘊哉噫我生不辰上不逢夫　皇國下徒奔於閭閻周流馳驅適至東粵北往南平都田駐足羈棲梁府非惟庚癸之不乏實足隆情之堪誇歷十餘年於以援筆指明以覺當世之忠良耳誰謂楊曾廖賴之學可無知音者乎

地理真口訣 務須珍重切莫輕洩

從來禍福在堪輿點穴尋龍即要知土角流金原共腹木星斬節葬鍬皮金星挂左方宜結挂右如干不用施扇面不扦分左右金弦水浪拂蝦鬚萌牙碗與垂頭木曲尺如睜只在肌水泡金星開口樣火星獨結燄中宜金星頂上相兼角鑿口須金剪火時但問五星何處結龍真穴的氣相聚時人不識陰陽辨恐怕山歌把作　詩知得陰陽生死處千秋富貴永無疑

龍訣

世人最愛掇巍科簷前寂寞斷如何金水原來出貢士發甲雲屏帶玉稜土宿頑奸為拔俊瘦貌清奇秀士多鬼劫上身壇廟顯香煙屈曲定邪魔

一木尖邪號破衣渾身帶殺地無依此地君將直體用妻淫女辱家流離香煙屈曲似幢幡此等行龍切莫扦波浪猶如猪糞節神壇廟裏作公院

牛犅谷種小星體僅以入首水龍居吻吻喻喻財谷龍止於入首穴星豐當代衣食身體小穴星端正必蕭條藏風避殺無沖破其家財艱賽唐堯

中富之地若何如入首星辰肥壯地明堂端正無傾瀉當代衣食斷無疑

大富之地祖山巨傳變星辰超衆體屯蜂蟻聚磊倉庫富比陶朱金穀餘

清貴之龍如何捜活行一二水星走活去邪魔不宜伏單要父母山后獨活多若無父母者五點六點出淫邪

龍無活動出貴何決要母山一飛娥出武小貴如何樣帶石粗糲不飛揚補廪一法教

君認后龍傳變帶祿身倒貢無活片帶帳左右手脚撓拖長
副榜貢士帶飄飄坤峯高聳必端方又登教官如何形有小父母后龍精開科之龍
一孔牆母山端正帶飛揚夾木高廣穴星豐本身為帶亦科龍宰相龍祖起雞冠玉
階九級兩相貫有階無級不登相有級無階身不旺陞登之龍似天台三十六峯串
珠來行路恰似雲中雁坐時恰似泥中隈若帶石粗礪必出霸王而已
先富後貴如何形穴裏豐滿水明斗底明堂砂水護尺因活削在龍身
先貴後富斷若何且看龍肥穴秀多星列在母山下過此行龍獨磊朶
富而不貴龍肥壯全無个字欠端方局環勢聚羅城濶富比石崇知不讓
貴而不富決有分獨看皮通骨或通蕭條活動身平小代代青衣祿不鐘

一盤八煞

坎龍辰　坤兔卯　震山猴申　巽雞酉　乾馬午　兌蛇頭巳　艮虎寅　離猪亥　為煞曜　以坐宮為主來水貪狼位吉逢着破軍凶

二盤黃泉

庚丁坤上是黃泉坤見庚丁不可言乙丙雖妨巽水先巽見乙丙禍綿綿辛　壬水路怕當乾乾見辛壬也損丁甲癸向中憂見艮艮見甲癸禍來侵　以向家為主遇着貪狼星顯文章或值破軍星乃為窮途之盜寇乃為殺人黃泉

三盤正針二十四山

此下有排山掌訣○亥壬子癸北方水辛龍轉壬壬龍轉辛水口歸於乙辰巽而去　會成一家申子辰坤壬乙辛壬會而聚辰○寅甲卯乙巽木宮癸龍轉甲左旋甲龍轉癸右旋水出丁未坤而去會成一家亥卯未乾甲丁金羊收癸甲之靈○巳丙午丁原屬火乙轉丙左旋丙轉乙右旋水出辛戌乾而去　會成一家寅午戌艮丙辛乙丙交而趨戌○申庚酉辛乾金逢丁龍轉庚左旋庚龍轉丁右旋水出癸丑艮而去會金局巳酉丑巽庚癸斗牛納丁庚之氣

四盤七十二龍

內有五氣甲丙戊庚壬乙丁己辛癸亦用納音所屬以乘氣所屬管局係七十二龍坐穴為主天度為賓生入為吉生出為凶尅出為　吉尅入為凶

五盤正針百二十分金

亦用兼家分金轉移之口丙丁庚辛乃為旺相之分金甲壬乃為陽中之孤分金乙癸陰中之虛分金

六盤中針二十四山

以中盤立向以中盤乃合天星消納峯巒之法子午卯酉火寅申巳亥水辰戌丑未金乾坤艮巽木甲庚丙壬火辛丁癸乙土乃為挨星五行

七盤平分六十龍

論龍過峽處按經以格之每龍有五氣之所屬亦以坐穴乘氣管局為四家之水口定其吉凶以坐度為賓平乃為主

八盤縫針二十四山

以兼加立向收水之法坤申生壬子旺乙辰墓屬水乾亥生甲卯旺丁未墓屬木艮寅生丙午旺辛戌墓屬火巽巳生庚酉旺癸丑墓屬金乃為雙山五行

九盤縫針百二十分金

亦用兼加分金轉移之口丙丁庚辛乃為旺相之分金甲壬乃為陽中之孤分金乙癸陰中之虛分金正縫二盤分金每盤有五個分金假如以亥壬當中一線五五落在天盤當中一線戊四六落在地盤三七落在天盤二八落在地盤一九落在天盤當中一線戊巳落在地盤九一落在天盤八二落在地盤七三落在天盤六四落在地盤每字十分金

十盤盈宿六十龍

以向上分金頂對盈宿為主次序甲乙丙丁戊己庚辛壬癸暗福祿耗任貴形印囚權化為天祿貴人吉暗化為天凶化為天福貴人吉化為天耗凶化為天任貴人吉化為 天貴貴人吉化為形凶化為天印貴人吉化為天囚凶化為天權貴人吉次序乃為十千化曜之法

十一盤天度五行

木字十三度金字十二度水字十二度火字十二度土字十二度以坐穴所屬消納 峯巒之法

十二盤二十八宿度數

度數有所屬之法斗宿四度亢宿四度危宿十二度婁宿六度井宿三度張宿十一度以逆行金水火土木○火土木金水木金水火土土木金水火金水火土木火土木金水乃為紅鸞之分金五行

十三盤紅黑白交文之格

紅○者為吉黑○者為凶白格者半吉半凶文○者乃為關煞之度

十四盤二十八宿之度

某宿管某某度分其天星過關未過關之法每宿分三關

☰乾三聯　☷坤六段

☳震仰盂　☶艮覆碗

☲離中虛　☵坎中滿

☱兌上缺　☴巽下斷

金生水水生木木生火火生土土生金

金尅木木尅土土尅水水尅火火尅金

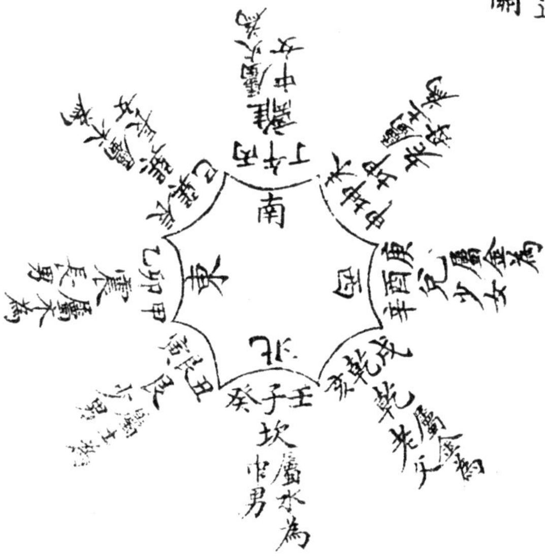

南　東　西　北

丁午丙　離屬火為中女

未坤申　坤屬土為老母

庚酉辛　兌屬金為少女

戌乾亥　乾屬金為老父

壬子癸　坎屬水為中男

丑艮寅　艮屬土為少男

甲卯乙　震屬木為長男

辰巽巳　巽屬木為長女

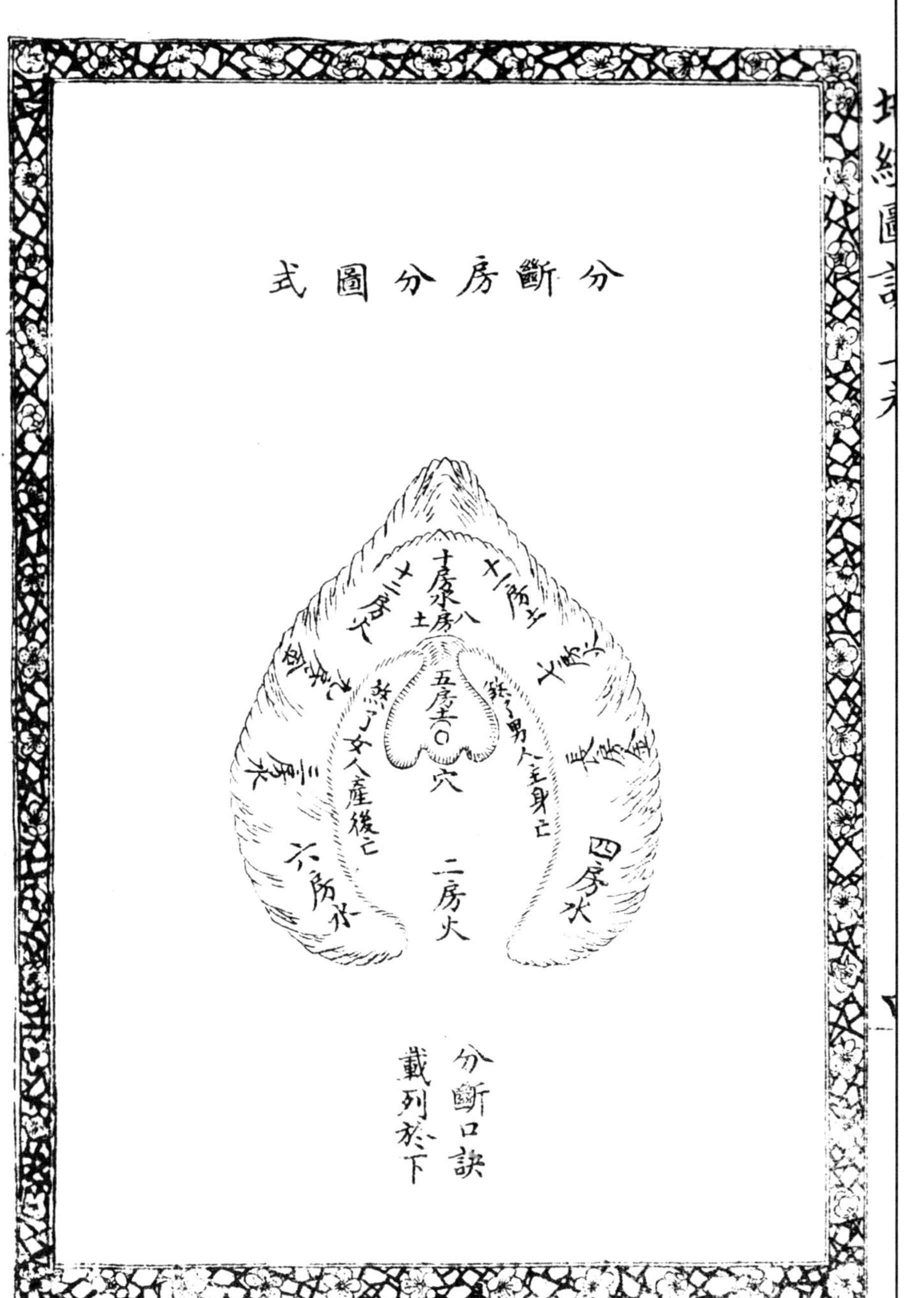
分斷房分圖式
十一房土
十房水
八房土
十二房火
五房土
穴
二房火
四房水
六房水
三房木
分斷口訣
載列於下

斷房分

左脚之上看長房左邊沙水灣灣曲發了一塲又一塲外山來照人丁旺文曲壓逼單丁郎走竄

凹風陰漏扯單丁過代主離鄉

二房宮位在明堂山峯拱顧出賢郎窩鉗乳突毬簷現不傷不殘富天然前岐吊堂披連面

不絕單丁也離鄉

三房位在白虎邊土角火勢旺土田沙水反逼風凹打無頭公事敗相連勢倒右邊有土角豐

厚旺丁錢

四房位在左脾邊祿存倒勢富天然雙峯插肩家富貴肩寒夭白損人丁土壓外山來拱照

倫丁過代方富貴

五房位在胎息邊胎息分明富必堅兩邊八字蝦鬚家中富貴旺人丁若是淋頭仰瓦殺急硬鬬

殺傷龍脉打破毬簷損人丁

六房位在右肩邊木火外托出英雄到勢祿存天乙現家中財富旺人丁肩寒若更坑殺現家中冷淡絕人丁

七房位在左耳邊專看外山來扶纏天乙插耳居富貴天白凹風損人丁

八房位在胎息停降脉毬簷要分明賓主有情家富貴淋頭仰瓦絕人丁

九房位在右耳邊太乙護送砂有情山峯拱照人丁旺天白漏扯損少丁死土逼壓單丁斷寡母坐堂鬼弄人

十房位在主頂上專看後山來作嶂穴中看見嶂山現財寶分明賽世間若動一方四水散敗殺人丁死不停十房官位罕有生若是排來龍頂上水土作嶂人丁旺木火帶損人丁

前欵看十房都看八風吹動縱有財丁離鄉素守貧窮若看四面遮帳關攔週密者主財人興但有某房空凹缺殺走竄主某房山敗又有某遮帳關鎖灣抱砂秀水屈之竝皆主其何房旺興近貴斷之若無砂峯拱顧財丁兩敗主離鄉又或殺何房主斷非横公事後主絕一有福單丁過代

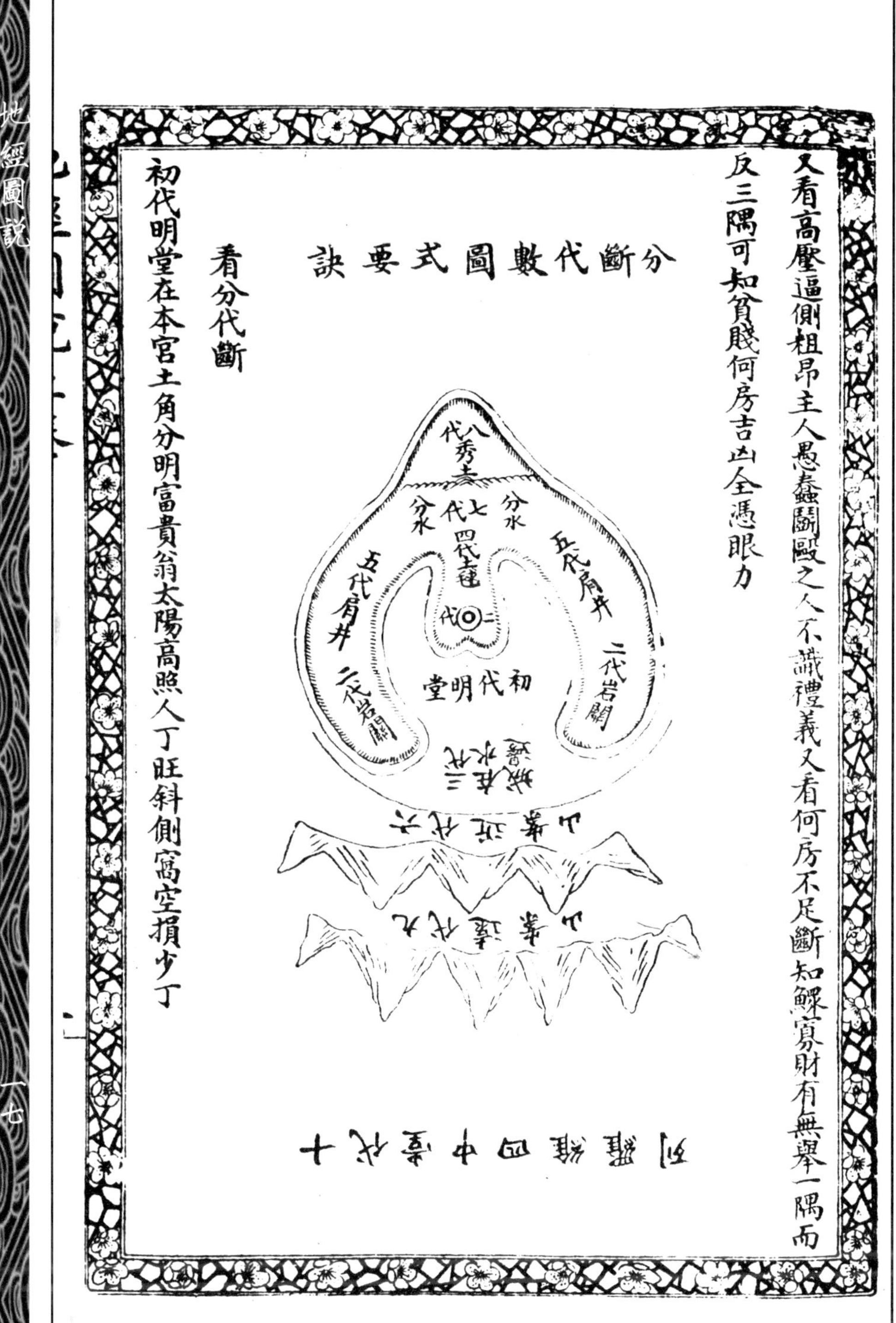

又看高壓逼側粗昂主人愚蠢鬪毆之人不識禮義又看何房不足斷知鰥寡財有無舉一隅而反三隅可知貧賤何房吉凶全憑眼力

分斷代數圖式要訣

看分代斷

初代明堂在本宮土角分明富貴翁太陽高照人丁旺斜側窩空損少丁

二代岩關順逆看殺口須要用土坪有土制殺方為貴無土制殺主孤貧若是淋頭仰瓦殺閉
殺無氣絕人丁
三代堂中論水城公輸規矩出聰明水秀灣灣生貴子砂直水反主離鄉若是直扯吊堂面不
絕單丁亦離鄉
四代看來在土毬倉庫朝迎富祿有肩寒風動天白焰田莊盡賣走他鄉
五代原來肩井角兩邊土角怕傷身秀峯拱照人丁旺打破羅紋損少丁穴后無氣四邊殺披
連帶殺損人丁
六代明堂看案山灣環帶富千般賓主有情生貴子反牽有情風露走他鄉山面無情山水反
離鄉鬪瀉絕人丁
七代落脉分水中四圍山聳出英雄胎息靈風多孤寡廉貞沖射主軍非
八代交至脉頂上兩邊插耳居富貴耳寒天白損人丁賓主有情生貴子淋頭仰瓦絕人丁來

龍降勢祖宗旺倉庫朝迎富千金
九代氣回案山中山灣水抱出英雄若是陰風地漏扯離鄉死路主孤窮穴高砂低難留處
定主地托人送
十代原來在堂中四圍山聳出英雄太陽高照人丁旺逼壓文曲主絶踪

論龍虎証穴訣

觀龍虎生氣定穴之虛實觀龍虎之先後定之左右龍有力則倚左虎有力則倚右龍虎低則避風就明堂扞地穴龍虎高避壓捨明堂尋天穴龍强從龍虎强從虎皆龍虎定穴之大法也誠以龍虎為護衛區親切穴場取以為証亦至當不易之理是故龍山逆水則穴依龍虎山逆水則穴依虎左單提則穴挨左右單提則穴挨右龍虎山高穴亦高龍虎山低穴亦低龍虎皆有情不高和不低則穴居中龍山有情穴在左虎山有情穴在右此皆龍虎証穴之要也後有龍山斯穴則避其龍而依其虎虎山壓穴須避其虎而依其龍龍山先到則收龍虎山先到則收虎莫不以龍虎二山而取則焉使有無龍虎者則卜氏有云無龍要水遶左宮無虎要水遶右畔此不易之理也穴依其有不依其無

認穴吉凶要訣

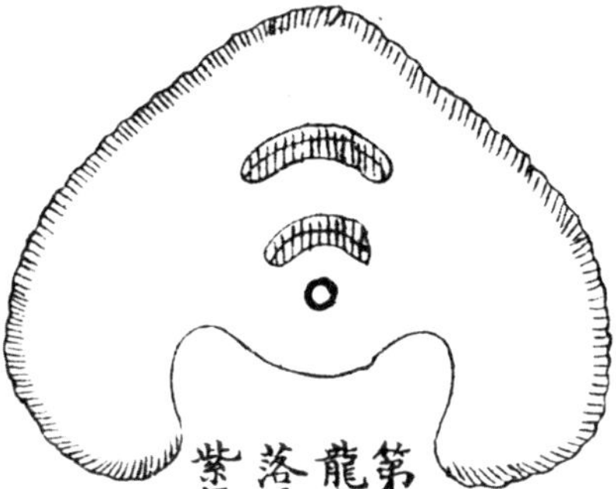

第一太白一金星一
龍虎重重眉翼明
落脉陰陽珠乳穴
紫氣金袍滿門庭

第二金星號太陰
蛾眉半月似弓形
微微落脉成金水
文武双全富貴人

第三金星號太陽
面前開配最為良
落穴三才龍虎廣
人旺財興足衣粮
第四金星武曲金
此星出貴旺丁人
招得六親田園地
年年月月財丁進

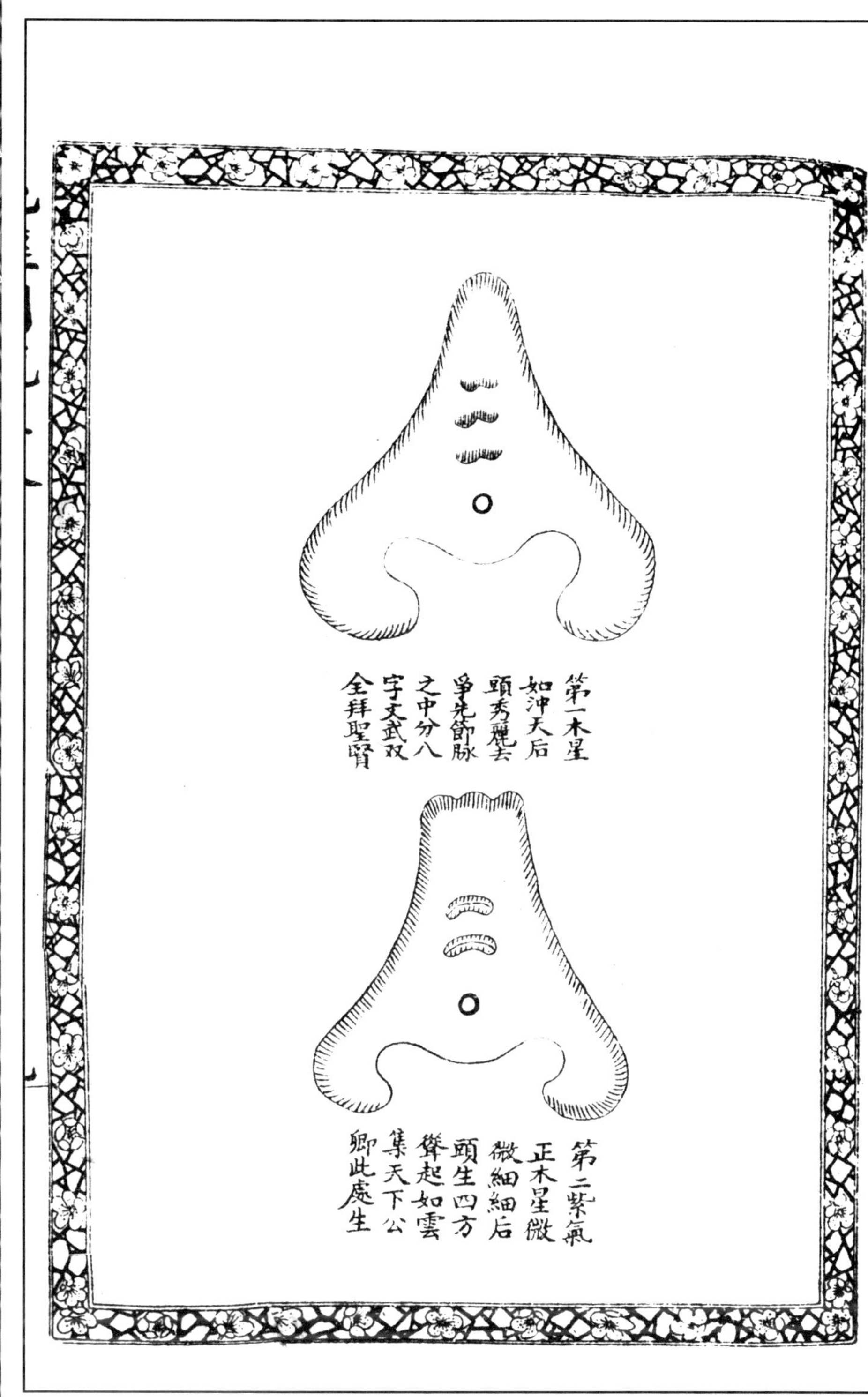

第一木星
如沖天后
頭秀麗去
爭先節脉
之中分八
字文武双
全拜聖賢
第二紫氣
正木星微
微細細后
頭生四方
聳起如雲
集天下公
卿此處生

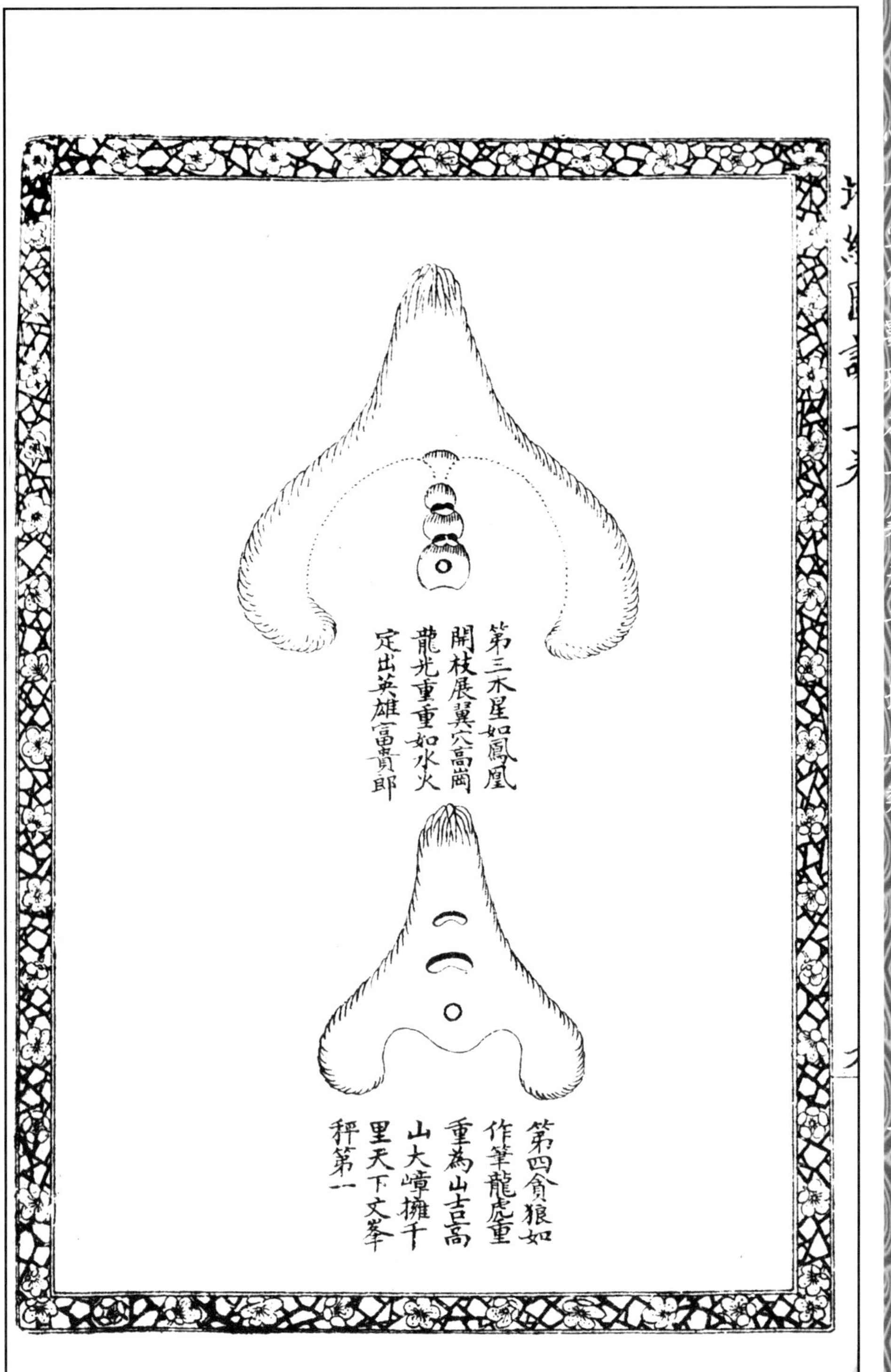
第三木星如鳳凰
開枝展翼穴高崗
龍光重重如水火
定出英雄富貴郎
第四貪狼如
作筆龍虎重
重為山吉高
山大嶂擁千
里天下文峯
秤第一

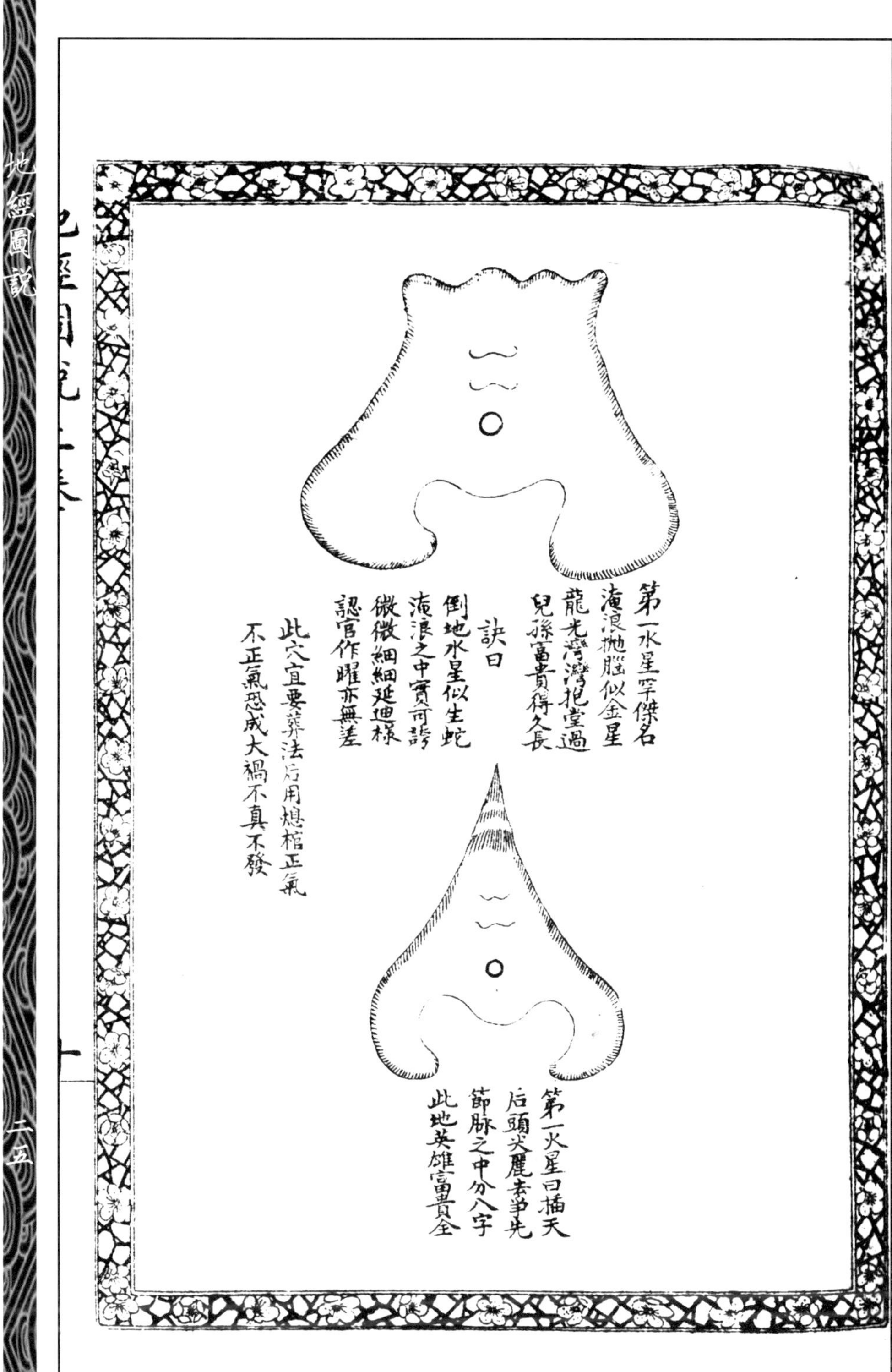
第一水星罕傑名
湌浪抛腦似金星
龍光灣灣抱堂過
兒孫富貴得久長
訣曰
倒地水星似生蛇
湌浪之中實可誇
微微細細延迴樣
認官作曜亦無差
此穴宜要葬法后用燥棺正氣
不正氣恐成大禍不真不發
第一火星曰插天
后頭尖麗去爭先
節脉之中分八字
此地英雄富貴全

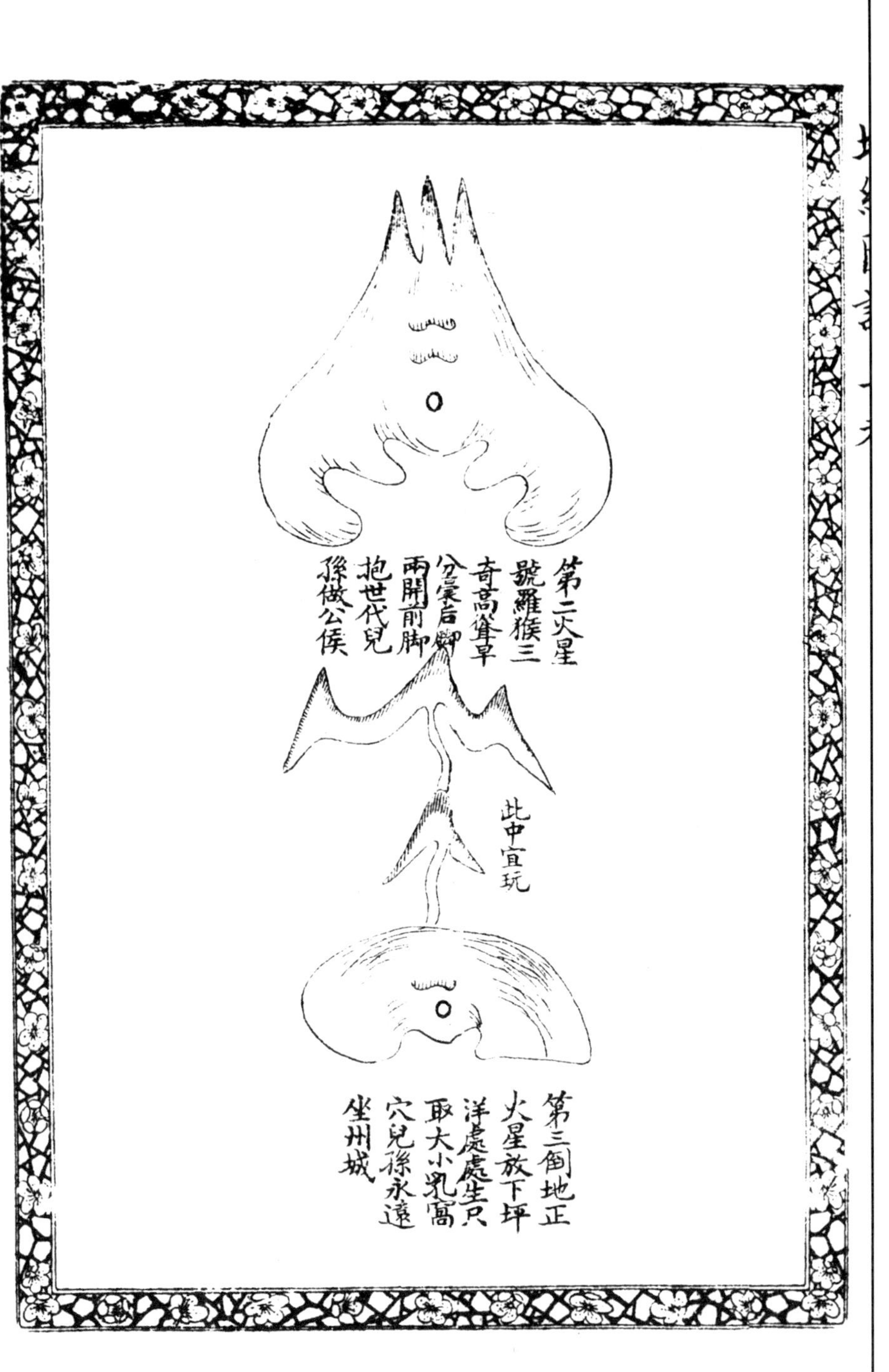
第二火星
號羅猴三
奇高聳旱
分宮后脚
兩開前脚
抱世代兒
孫做公侯
此中宜玩
第三個地正
火星放下坪
洋處處生只
取大小乳窩
穴兒孫永遠
坐州城

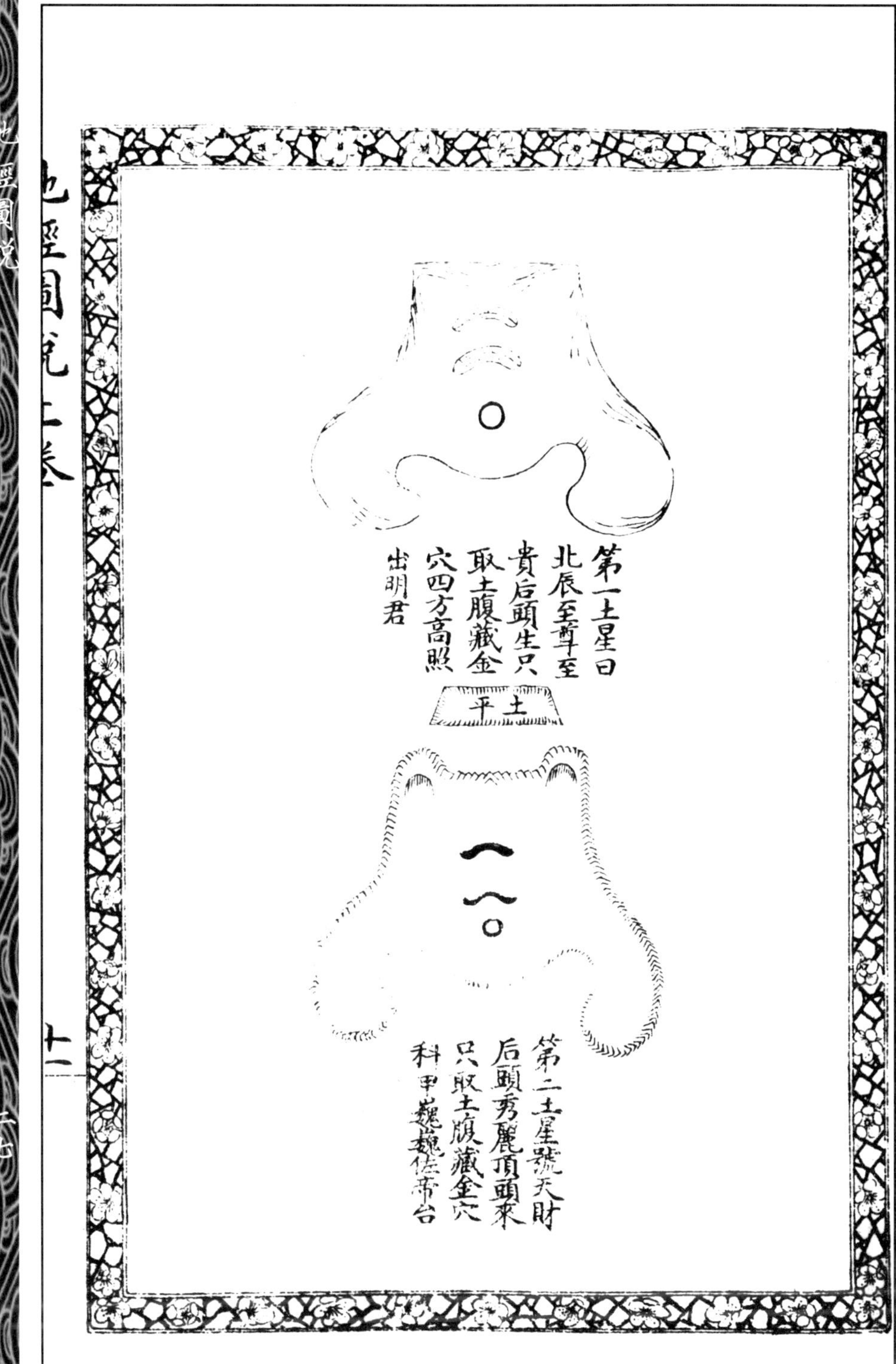
第一土星曰
北辰至尊至
貴后頭生只
取土腹藏金
穴四方高照
出明君
平土
第二土星號天財
后頭秀麗頂頭來
只取土腹藏金穴
科甲巍巍佐帝台

第三巨門似覆船
兩邊應衛內堂寬
四角落穴中穴重
兩頭發福一般同

第四巨門似頓鼓
肥頭平面中有取
穴輕龍短也堪安
勤耕勤作白手興

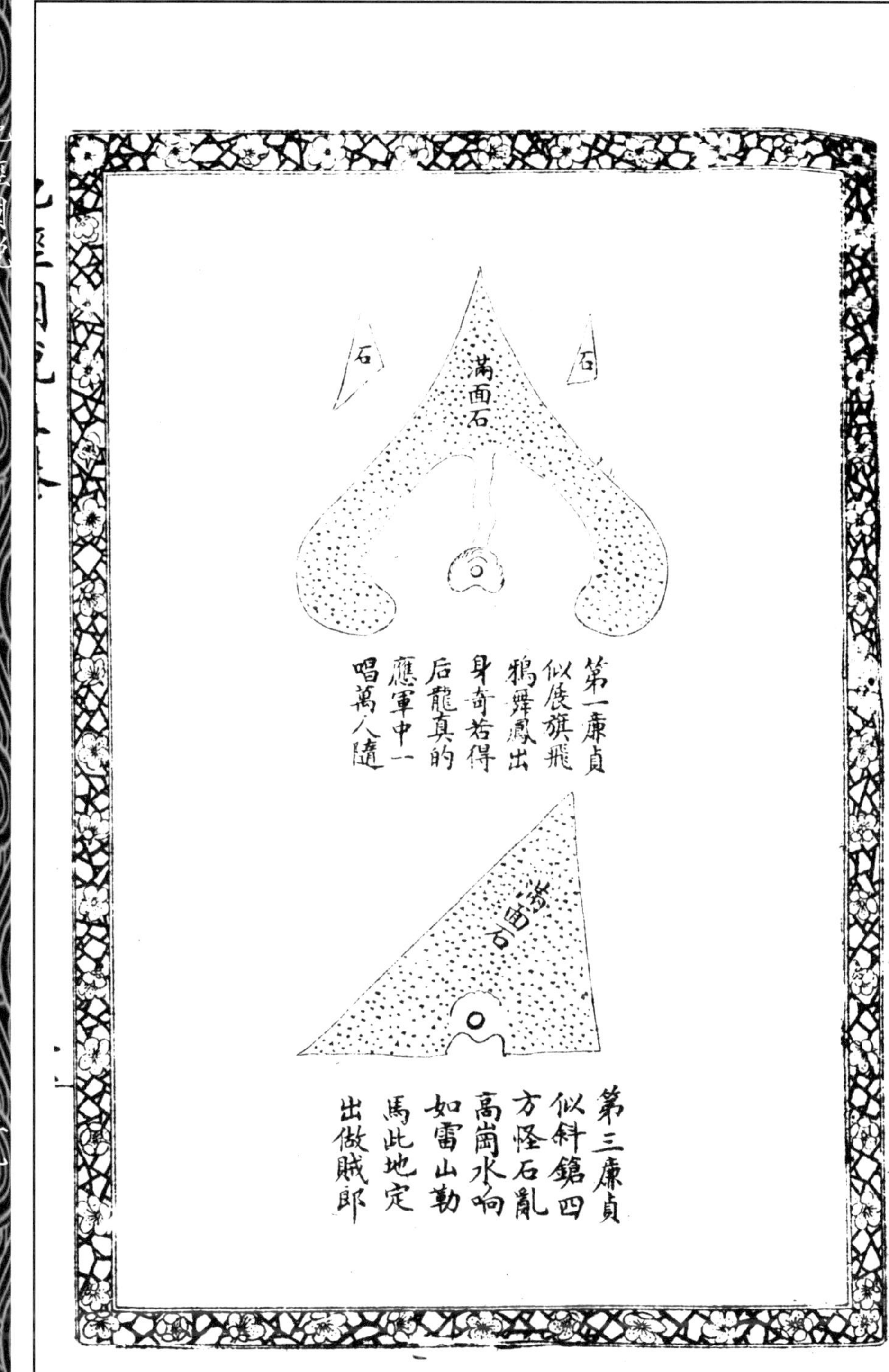
石
石
滿面石
第一廉貞
似展旗飛
鴉舞鳳出
身奇若得
后龍真的
應軍中一
唱萬人隨
滿面石
第三廉貞
似斜鎗四
方怪石亂
高崗水响
如雷山勒
馬此地定
出做賊郎

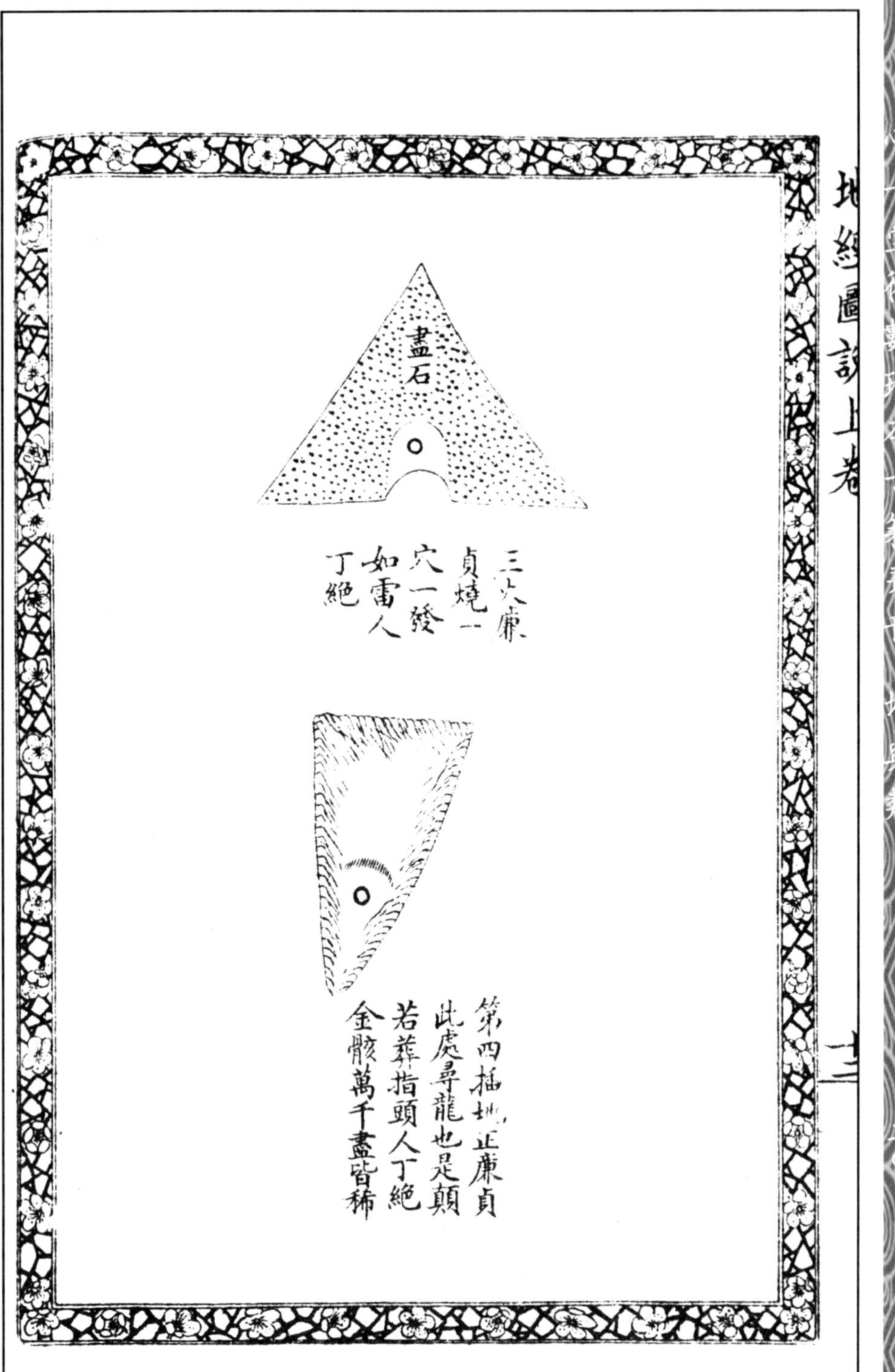
盡石
三火廉
貞燒一
穴一發
如雷人
丁絕
第四插地正廉貞
此處尋龍也是顛
若葬指頭人丁絕
金骸萬千盡皆稀

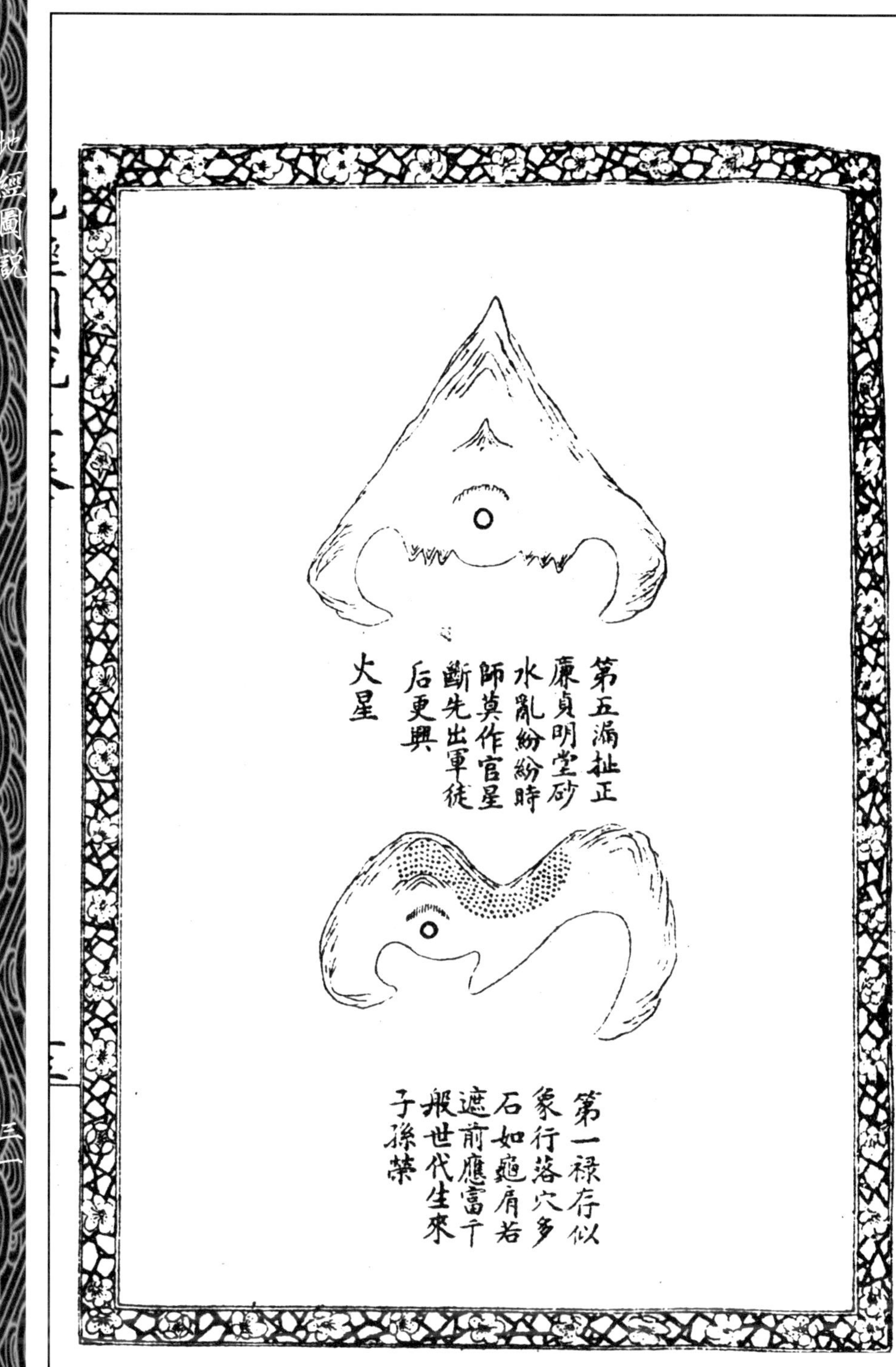
第五漏扯正
廉貞明堂砂
水亂紛紛時
師莫作官星
斷先出軍徒
后更興
火星
第一祿存似
象行落穴多
石如龜肩若
遮前應富千
般世代生來
子孫榮

第二祿存
如蟠龍或
如牛角或
如弓多丁
人丁耕佃
户一代發
福二代隆

第三祿存
孩兒頭此
地勸君切
莫謀水口
羅城不可
葬翻棺倒
骨見刑傷

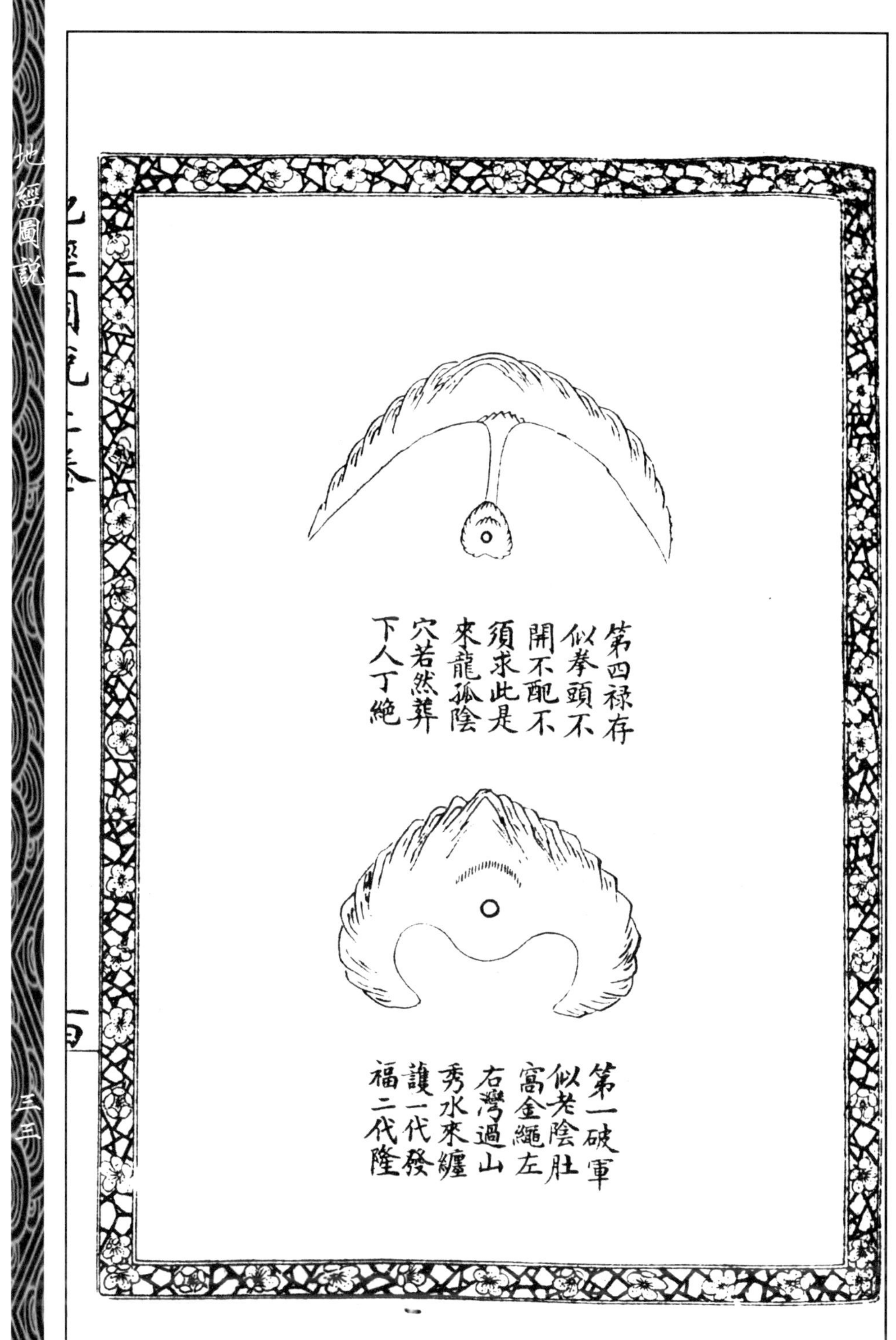
第四祿存
似拳頭不
開不配不
須求此是
來龍孤陰
穴若然葬
下人丁絶
第一破軍
似老陰肚
富金纏左
右灣過山
秀水來纏
護一代發
福二代隆

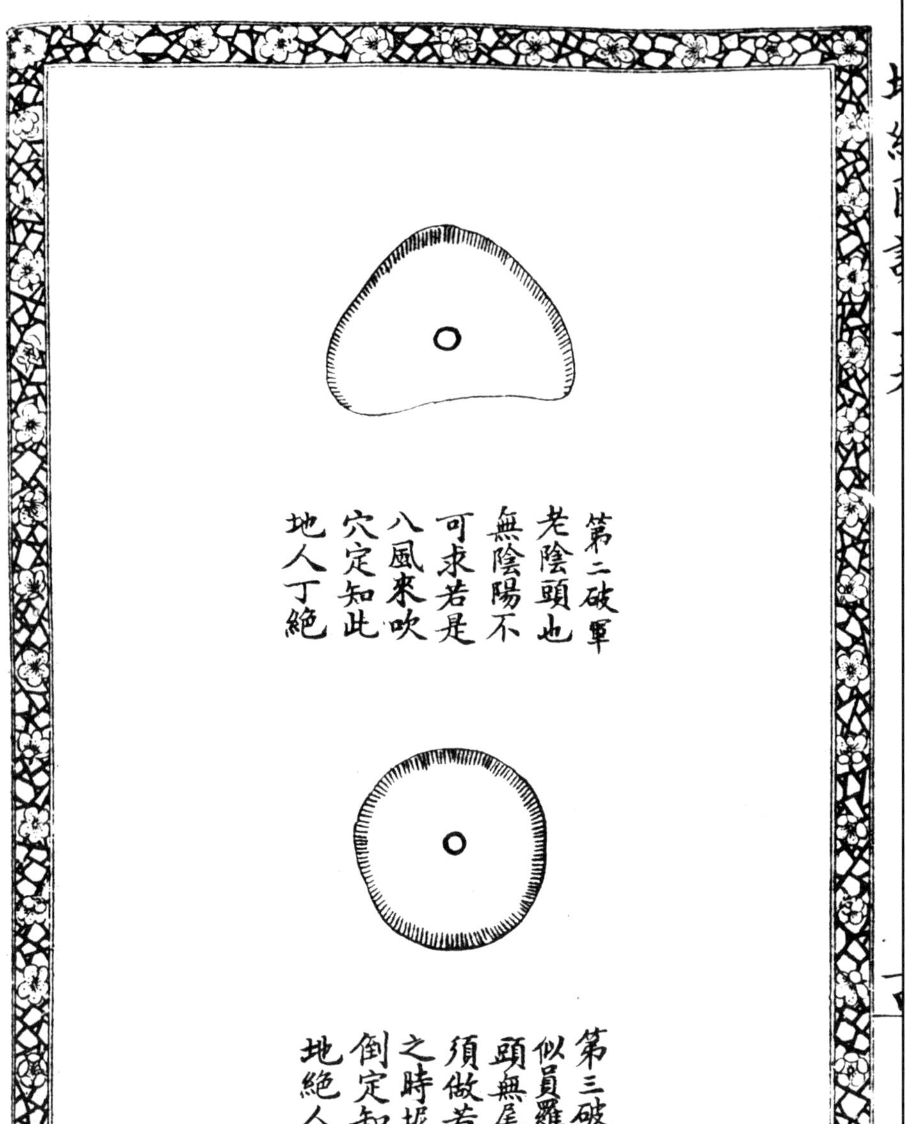
第二破軍
老陰頭也
無陰陽不
可求若是
八風來吹
穴定知此
地人丁絕
第三破軍
似員羅有
頭無尾不
須做若葬
之時坭水
倒定知此
地絕人丁

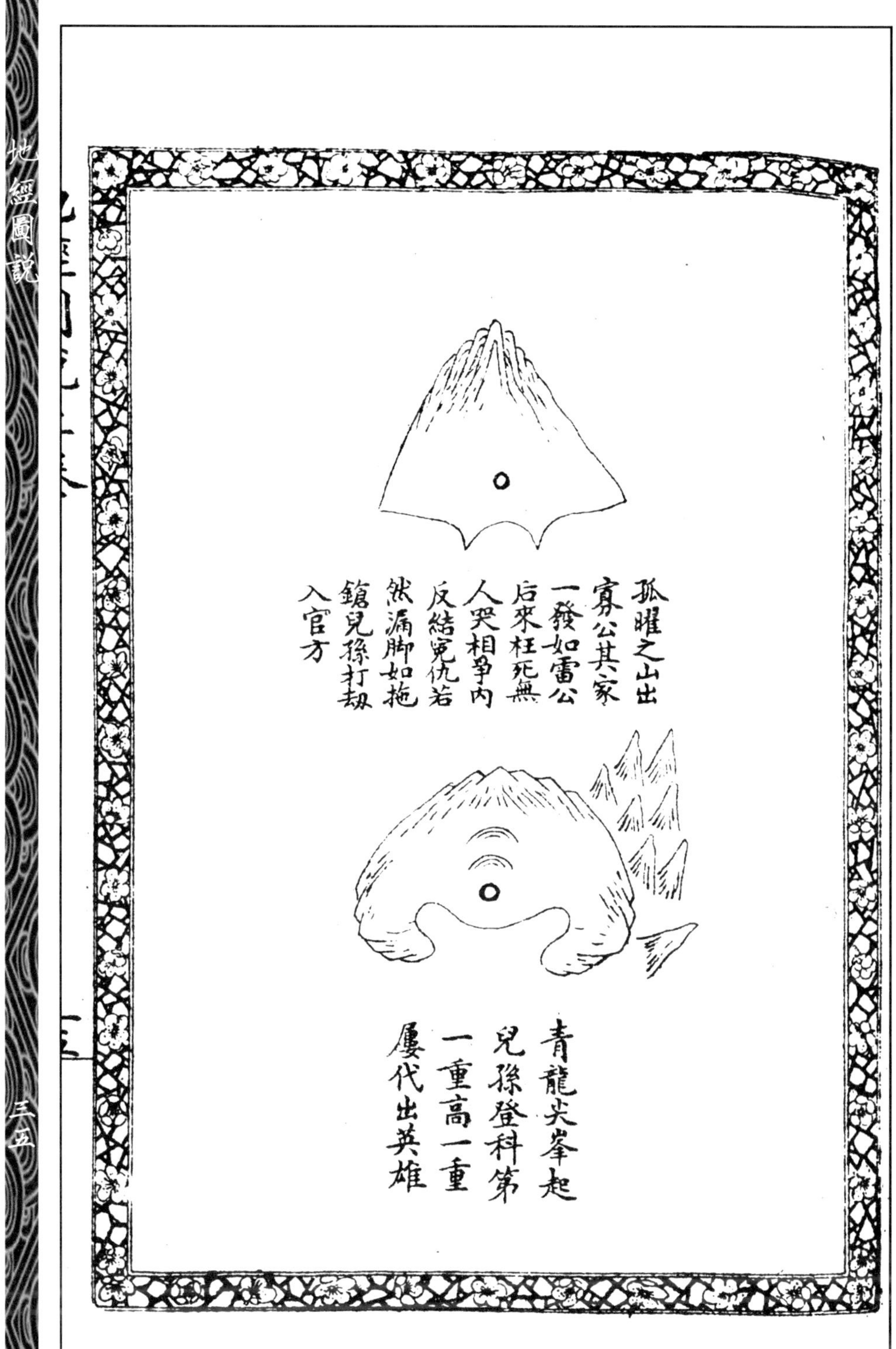
孤曜之山出
寡公其家
一發如雷公
后來枉死無
人哭相爭內
反結冤仇若
然漏脚如拖
鎗兒孫打劫
入官方
青龍尖峯起
兒孫登科第
一重高一重
屢代出英雄

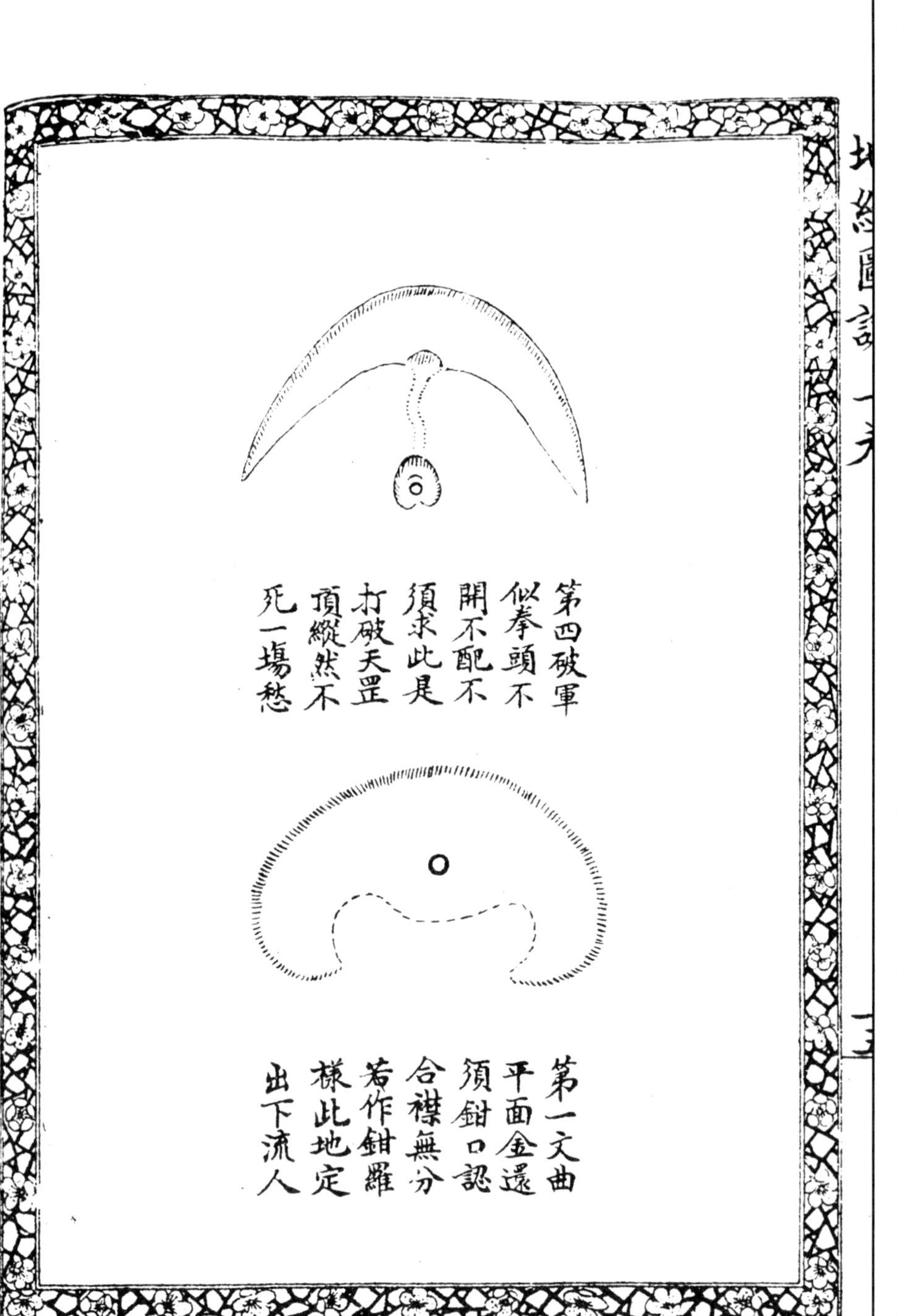
第四破軍
似拳頭不
開不配不
須求此是
打破天罡
頂縱然不
死一場愁
第一文曲
平面金還
須鉗口認
合襟無分
若作鉗羅
樣此地定
出下流人

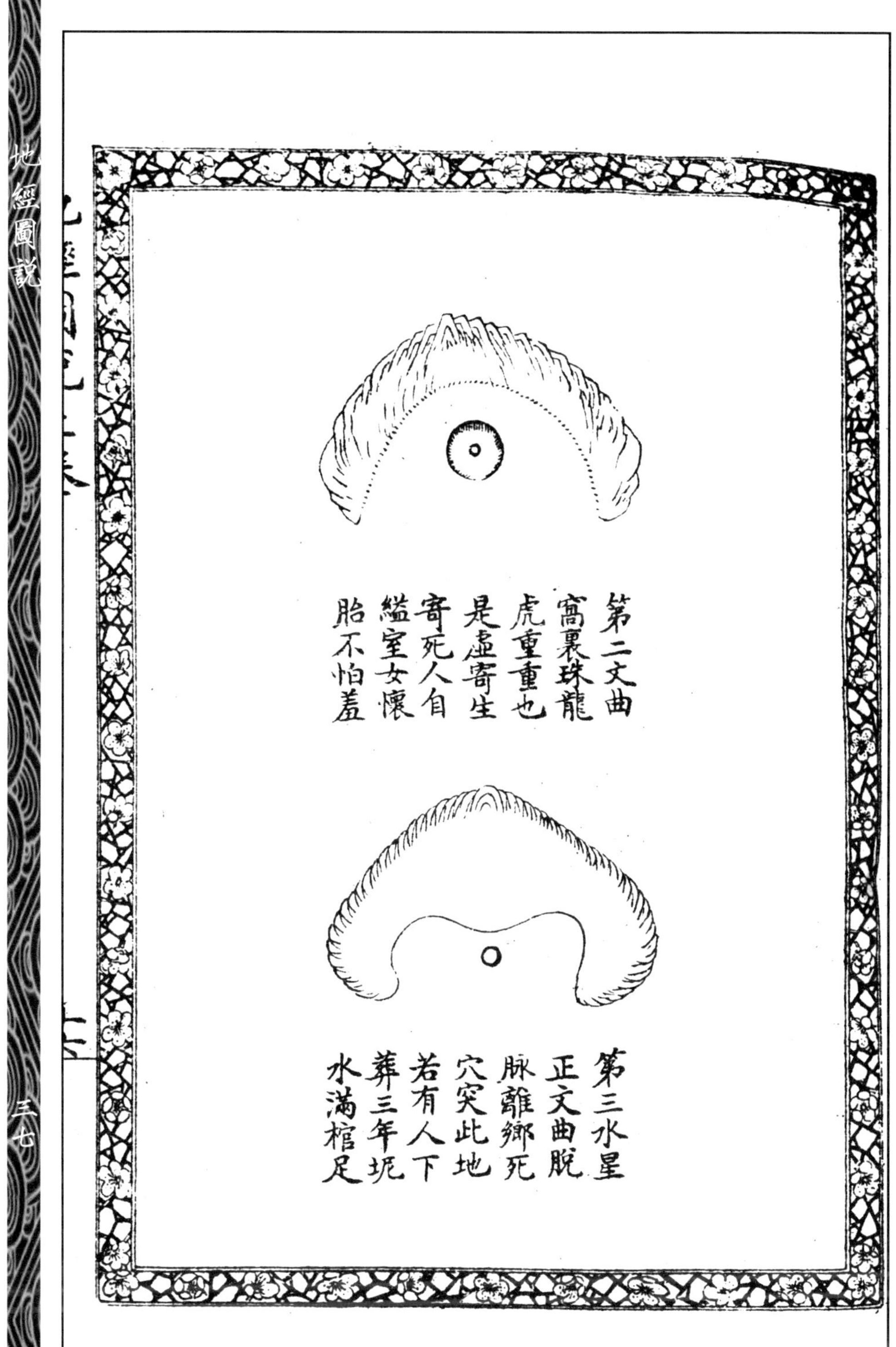
第二文曲
窩裏珠龍
虎重重也
是虛寄生
寄死人自
縊室女懷
胎不怕羞
第三水星
正文曲脫
脉離鄉死
穴突此地
若有人下
葬三年坭
水滿棺足

第四文曲水窩穴水土相剋人丁絕此地若有人下葬三年泥水滿棺基
高穴多是主傷龍少見榮華多見凶此地扦破天罡頂縱然不死淚雙雙

青龍之山
高護穴定
出男兒多
豪傑
白虎之山
高大强其
家妻妾必
爭權

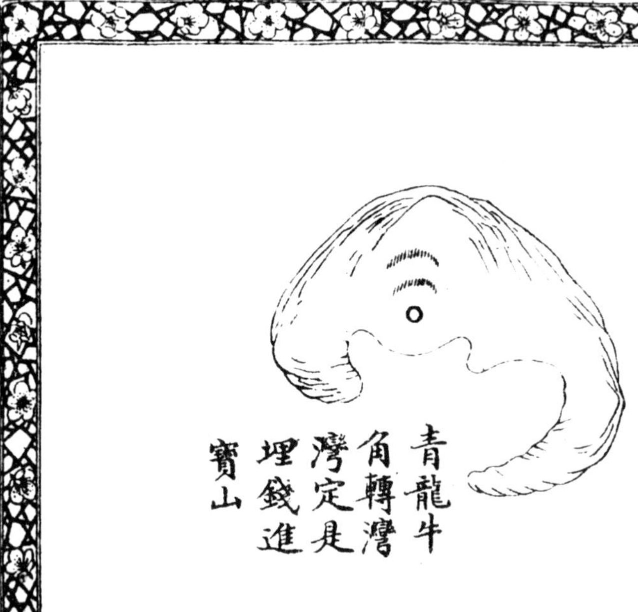
青龍牛角轉灣灣定是埋錢進寶山

青龍如灣弓家裏有錢翁青龍如腰帶才子文章快

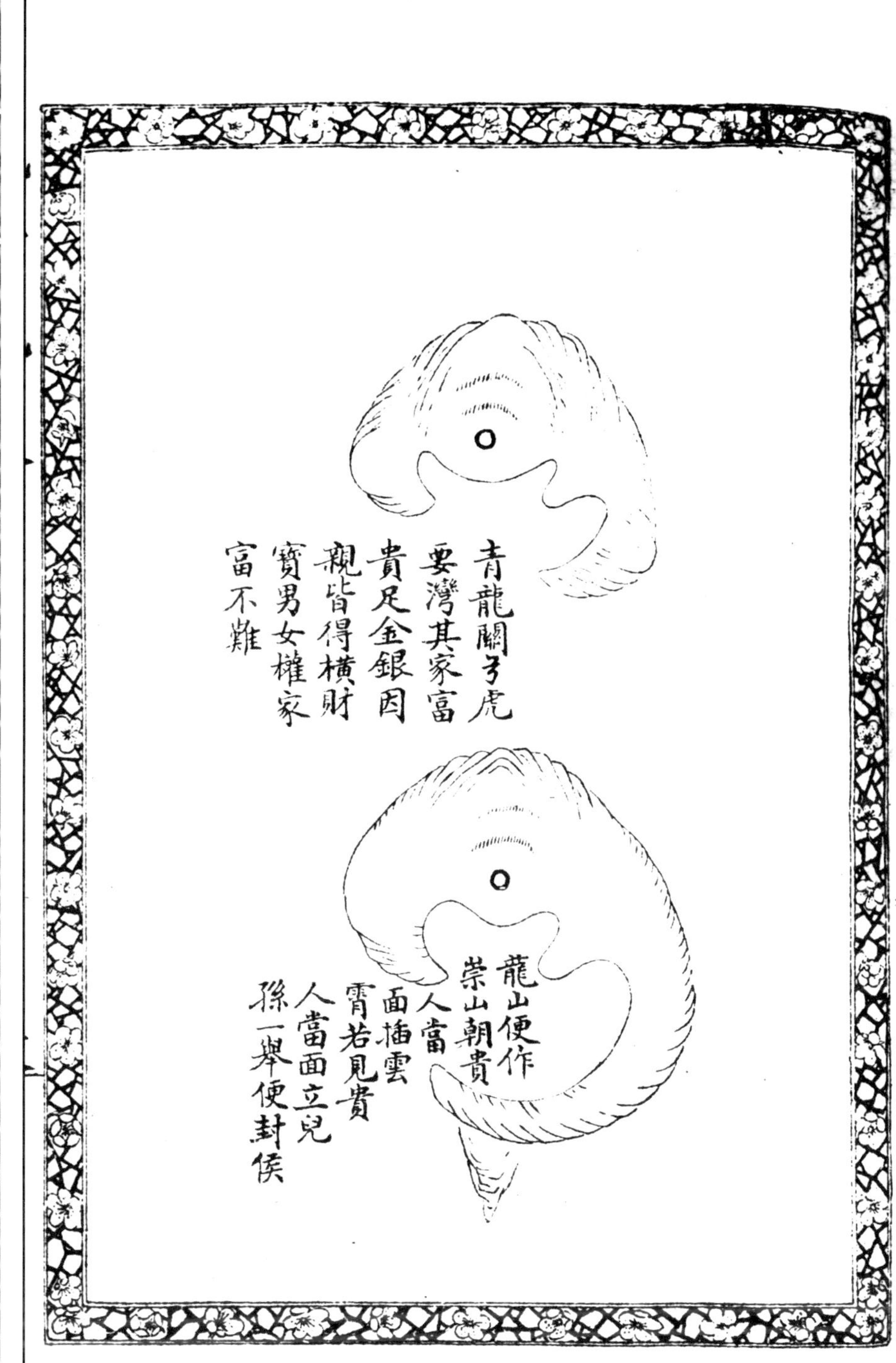
青龍關了虎
要灣其家富
貴足金銀因
覾皆得横財
寶男女權家
富不難
龍山便作
崇山朝貴
人當
面插雲
霄若見貴
人當面立兒
孫一舉便封侯

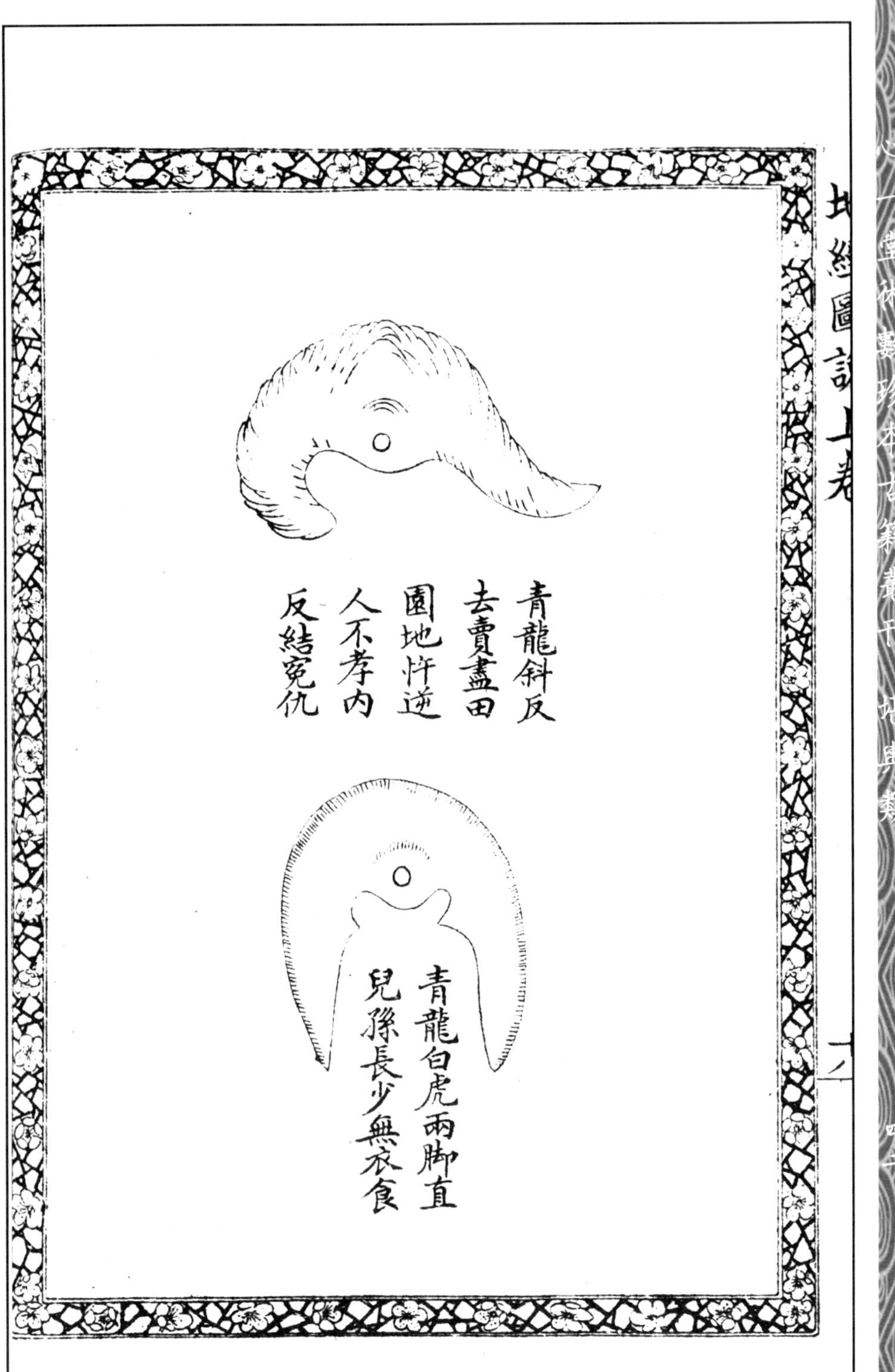
青龍斜反
去賣盡田
園地忤逆
人不孝內
反結冤仇
青龍白虎兩脚直
兒孫長少無衣食

來
去
青龍
砂手指
溪源兒
孫賣盡
世間田
青龍砂手似拖
鎗長男不久便
離鄉外有山峰
重重起他州外
府置田園

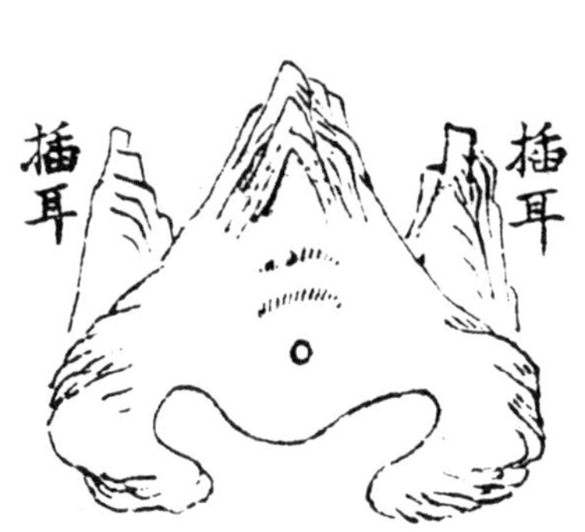

護峯插耳
左右邊家
中富貴足
天然

青龍白虎
如擺手必
主房房損
妻室子隨
母嫁爺此
訣斷無差

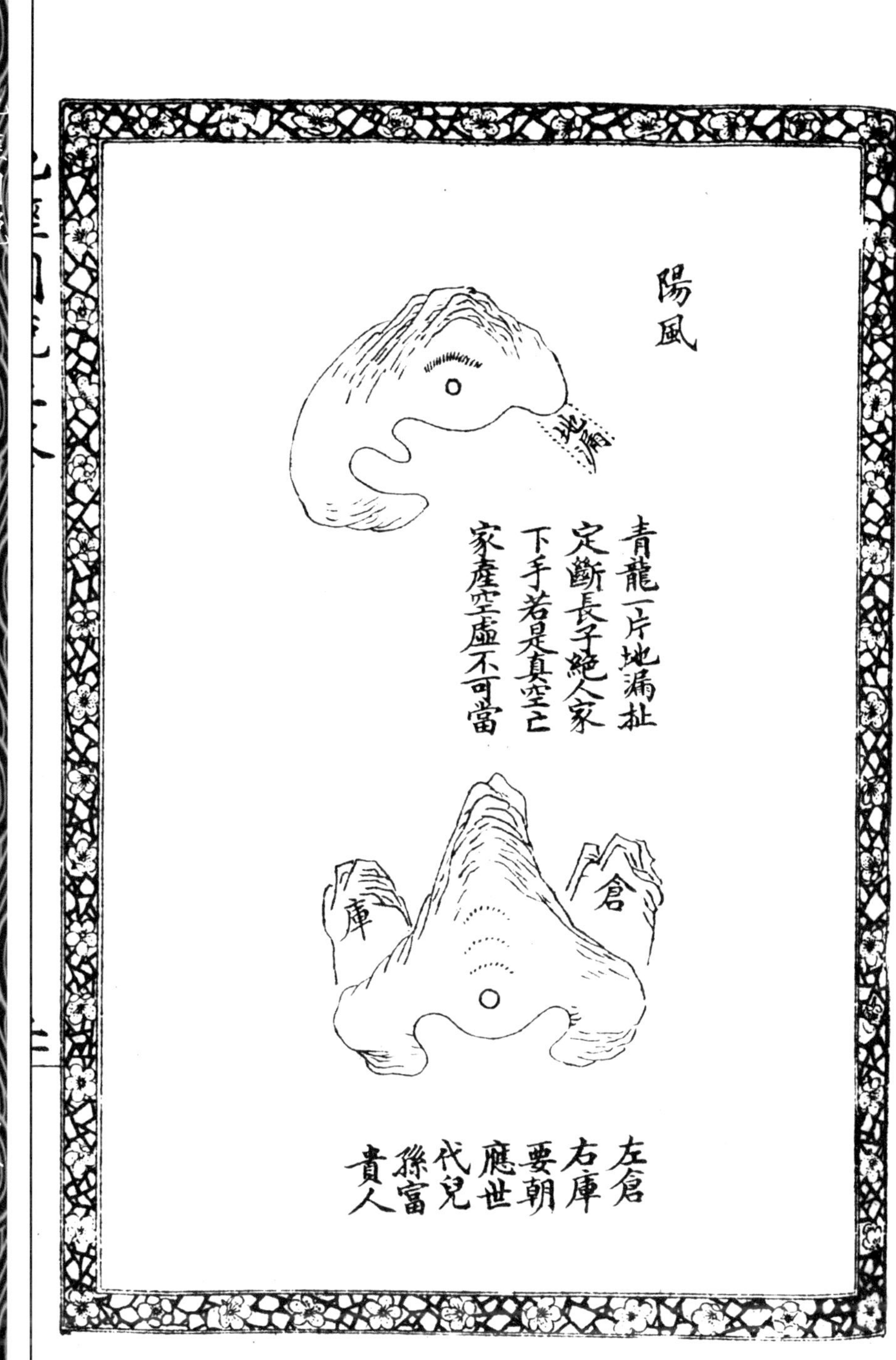
陽風
地漏
青龍一片地漏扯
定斷長子絕人家
下手若是真空亡
家產空虛不可當
庫
倉
左倉右庫要朝應世代兒孫富貴人

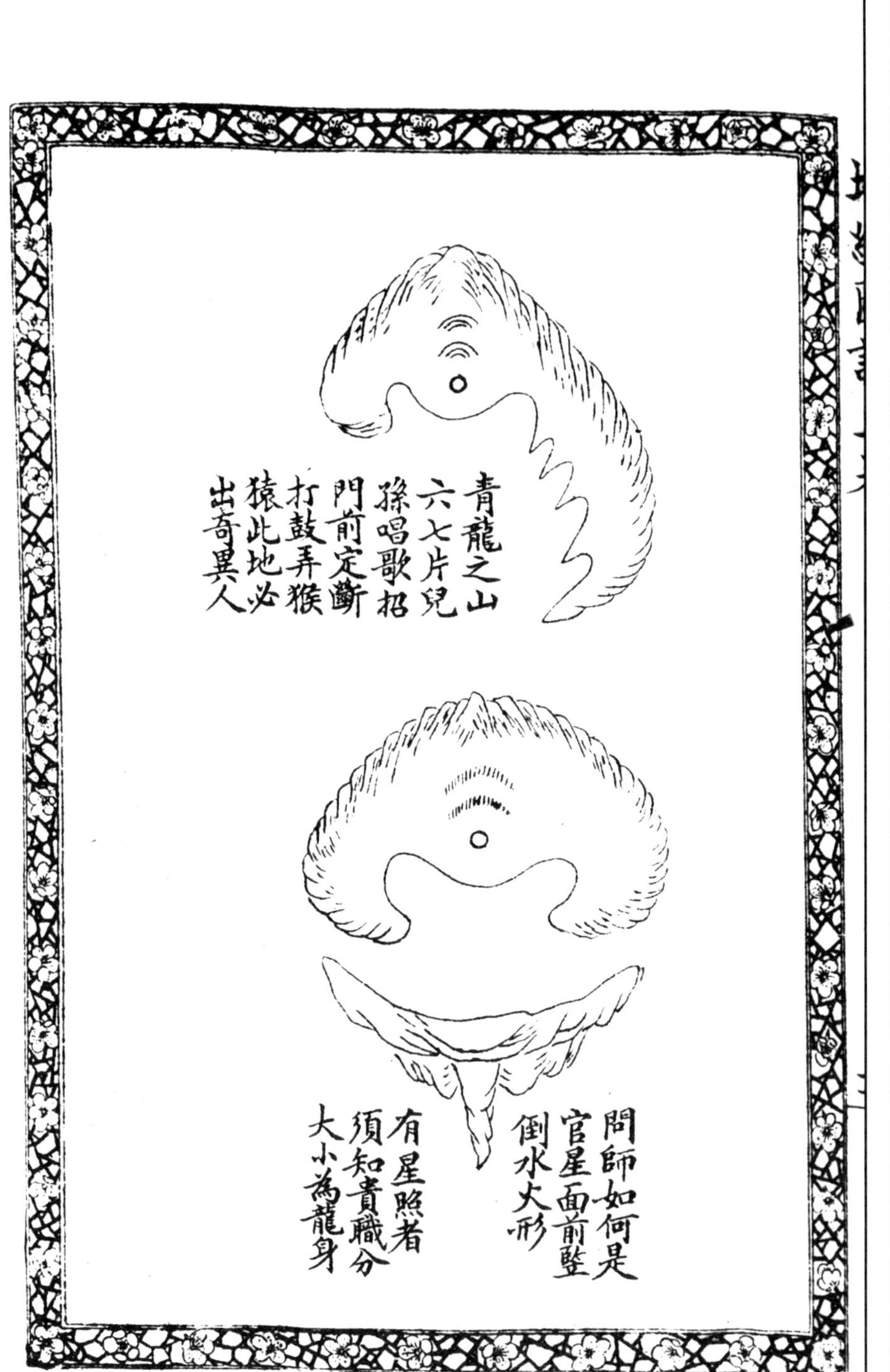
青龍之山
六七片兒
孫唱歌招
門前定斷
打鼓弄猴
猿此地必
出奇異人
問師如何是
官星面前豎
倒水犬形
有星照者
須知貴職分
大小為龍身

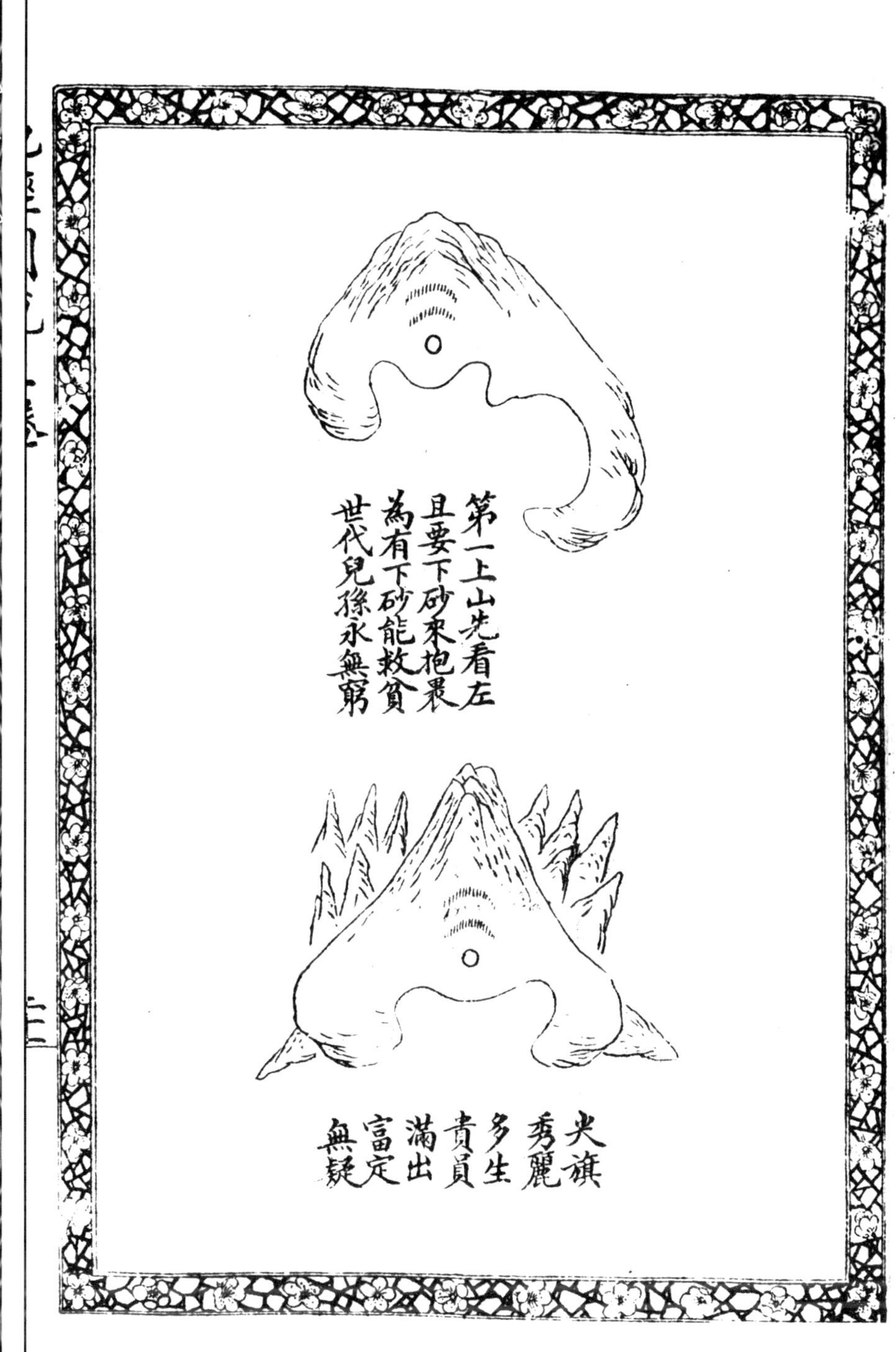
第一上山先看左
且要下砂來抱裹
為有下砂能救貧
世代兒孫永無窮
尖旗
秀麗
多生
貴員
滿出
富定
無疑

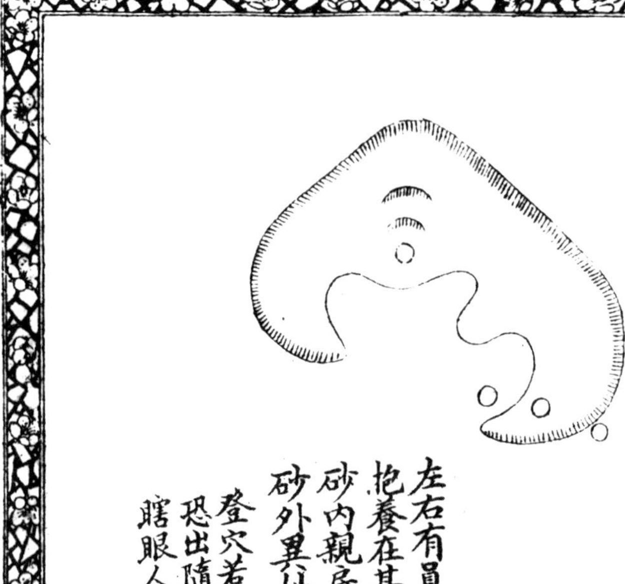

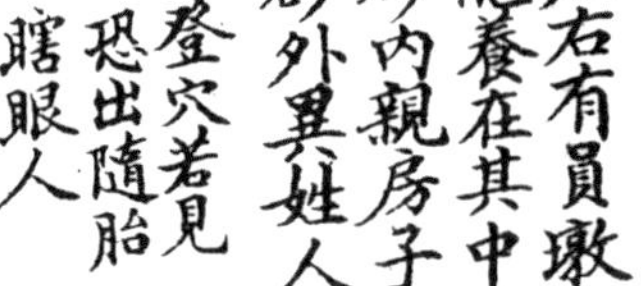

左右有員墩
抱養在其中
砂內親房子
砂外異姓人
登穴若見
恐出隨胎
瞎眼人

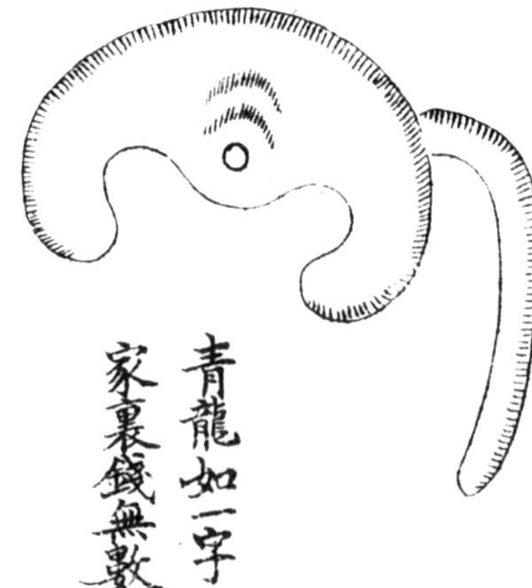

青龍如一字
家裏錢無數

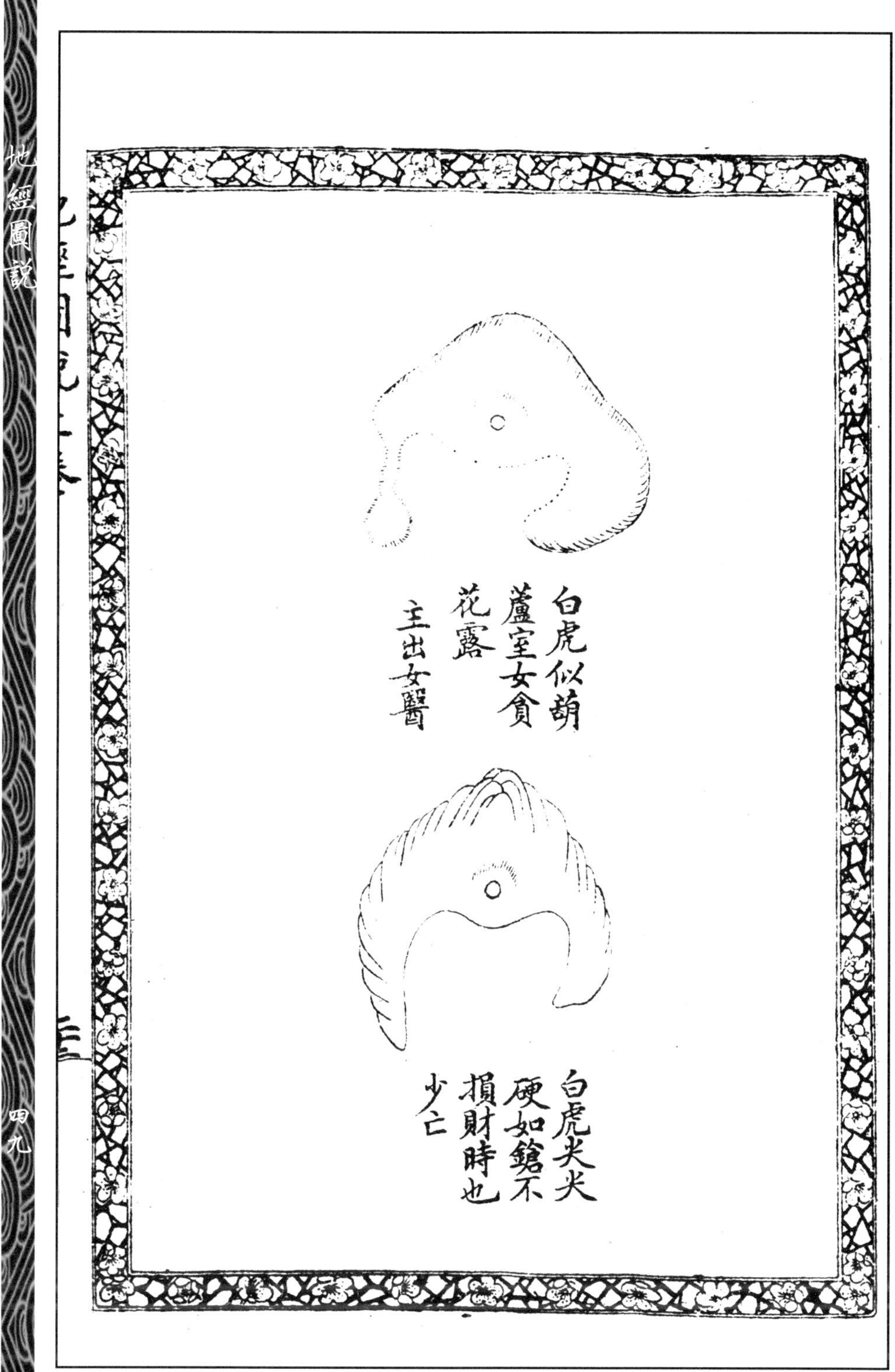
白虎似葫
蘆室女貪
花露
主出女醫
白虎尖尖
硬如鎗不
損財時也
少亡

左右山砂似
茅葉定出
兒孫會打
劫順水必
定鎗下死
逆水盜賊
必發財
龍虎二山凹
風家中難見白
頭翁只恐金黃
吹骨散兒孫冷
退損人丁

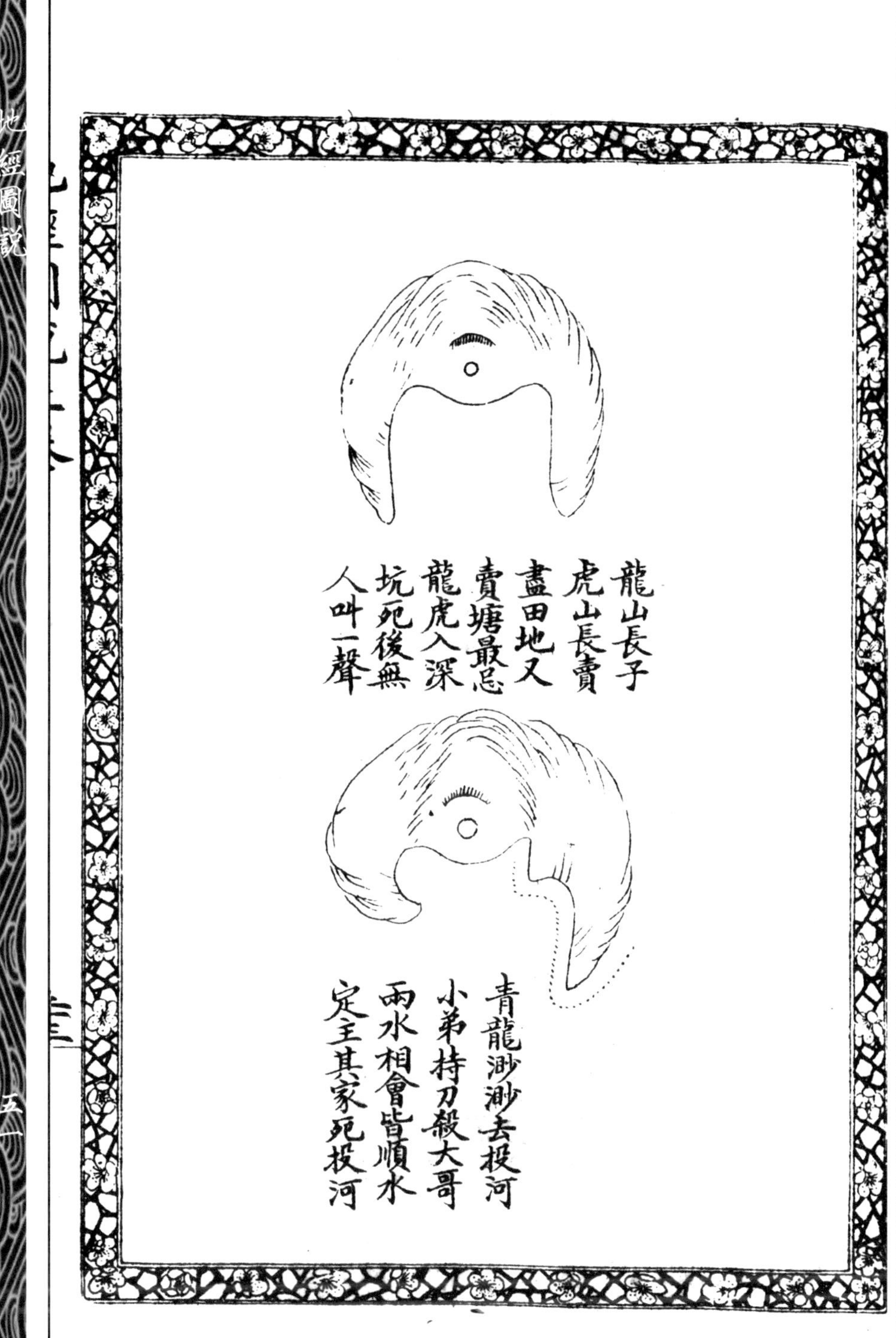
龍山長子
虎山長賣
盡田地又
賣塘最忌
龍虎入深
坑死後無
人叫一聲
青龍渺渺去投河
小弟持刀殺大哥
兩水相會皆順水
定主其家死投河

青龍之山重重去必主兒孫長短死若見一条接一条定主其家絶根苗
水
水
問師如何貧賤家龍虎無關穴無遮山飛水走無回顧退財恰似水推砂

白虎如排鎗
竹篙趕牛羊
面前峯起峙
定出武官郎
白虎如彈指
聲聲受苦辛
枉死少年有
寡婦哭嬌兒

青龍入明堂
年年進田莊

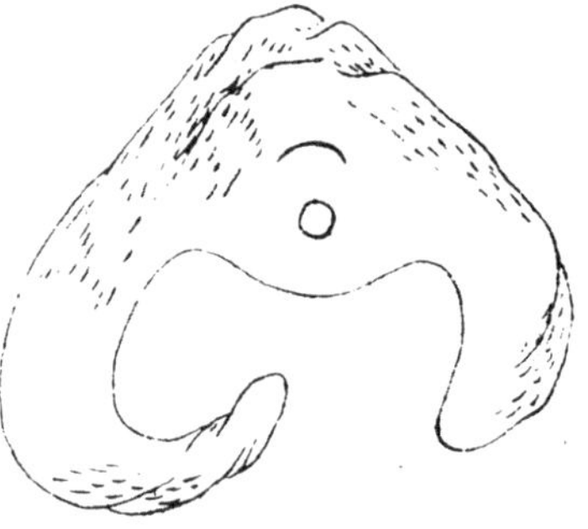

白虎入明堂
年年主少亡

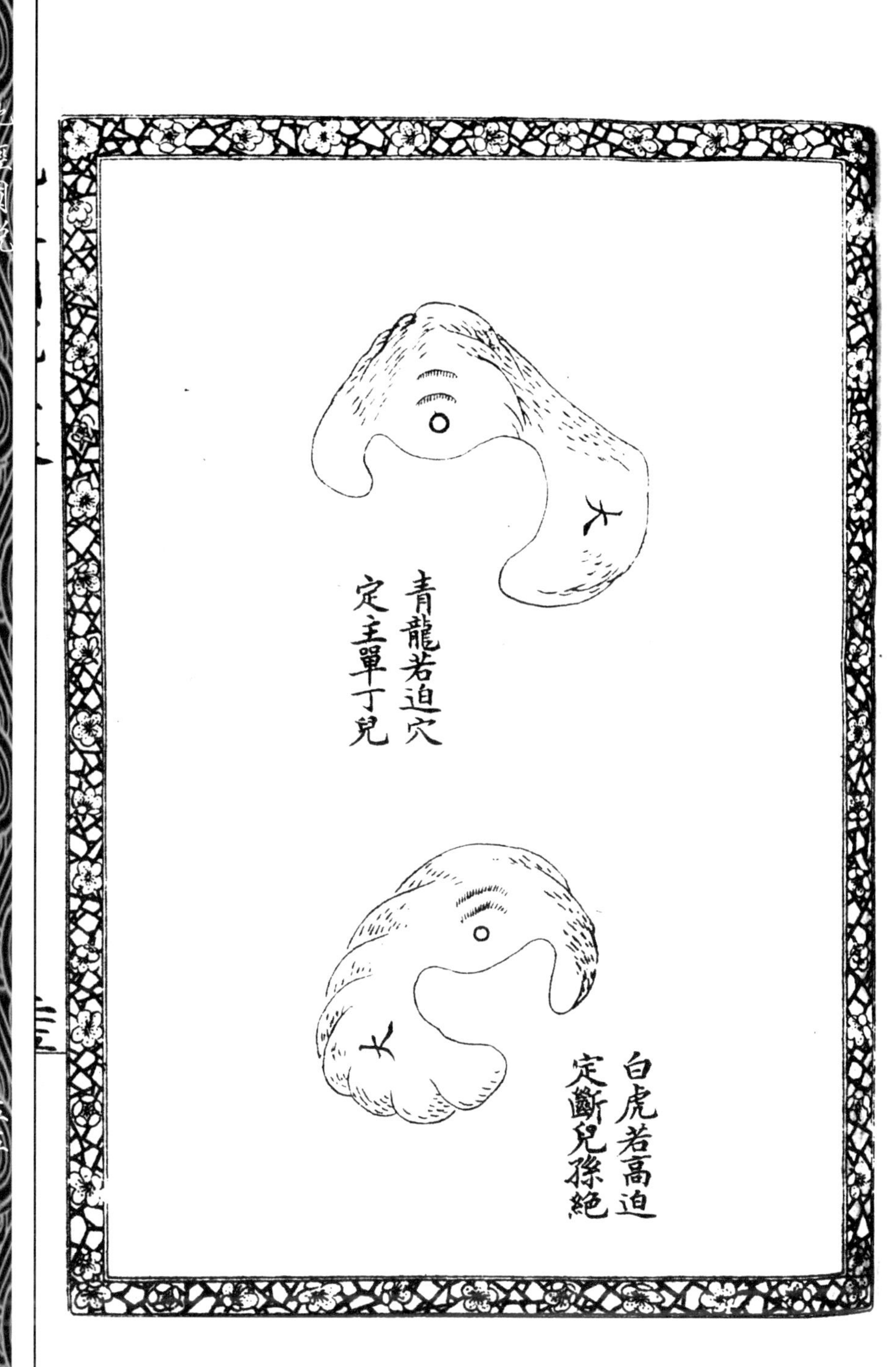
青龍若迫穴
定主單丁兒
白虎若高迫
定斷兒孫絕

青龍似拳
頭家裏鬧
啾啾高大
分明好世
代永無憂
箭歸左畔
長男死箭
歸右便三
子亡若然
箭頭當面
射二子必
遭傷

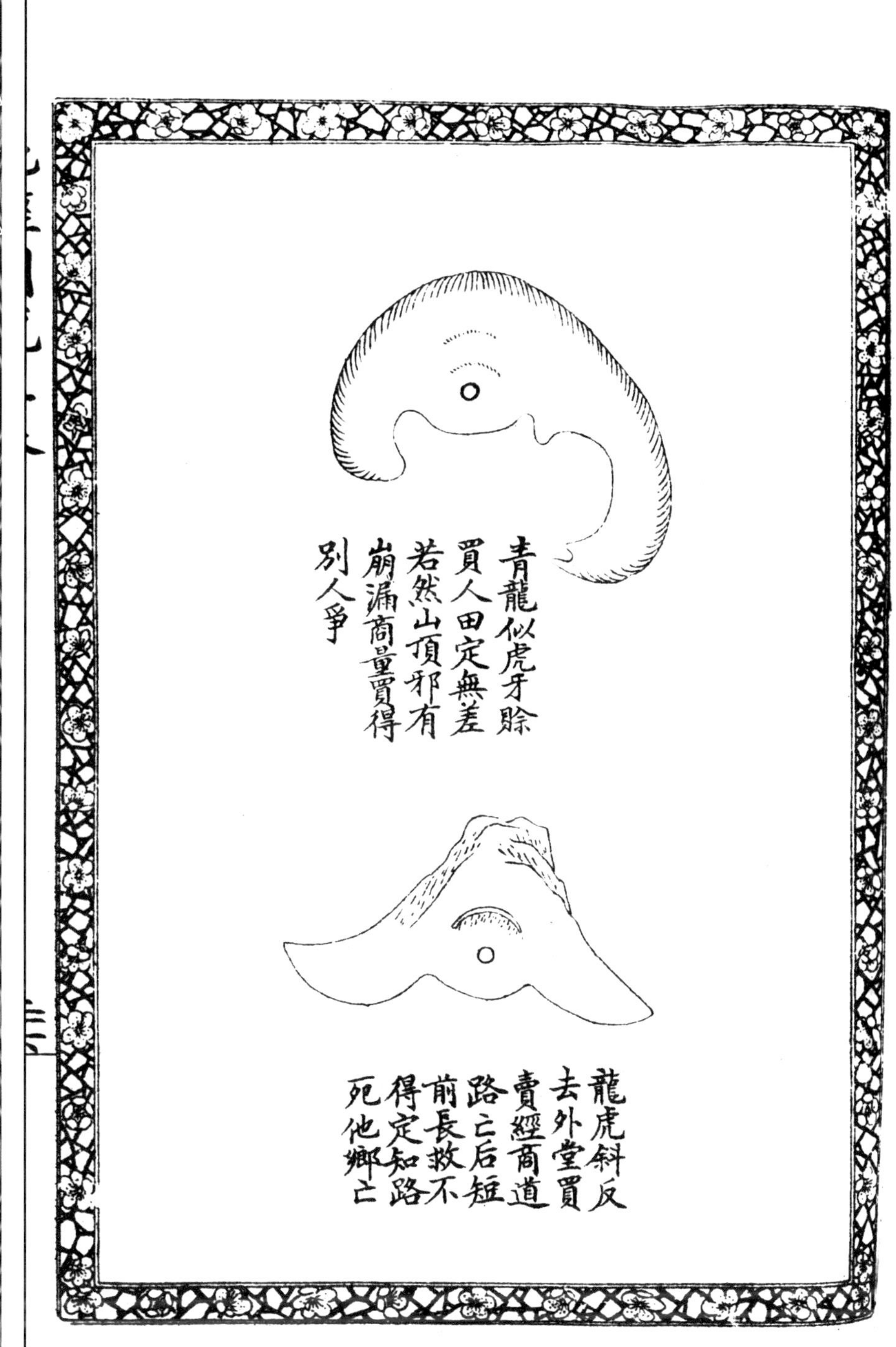
青龍似虎牙賒
買人田定無差
若然山頂邪有
崩漏商量買得
别人爭
龍虎斜反
去外堂買
賣經商道
路亡后短
前長救不
得定知路
死他鄉亡

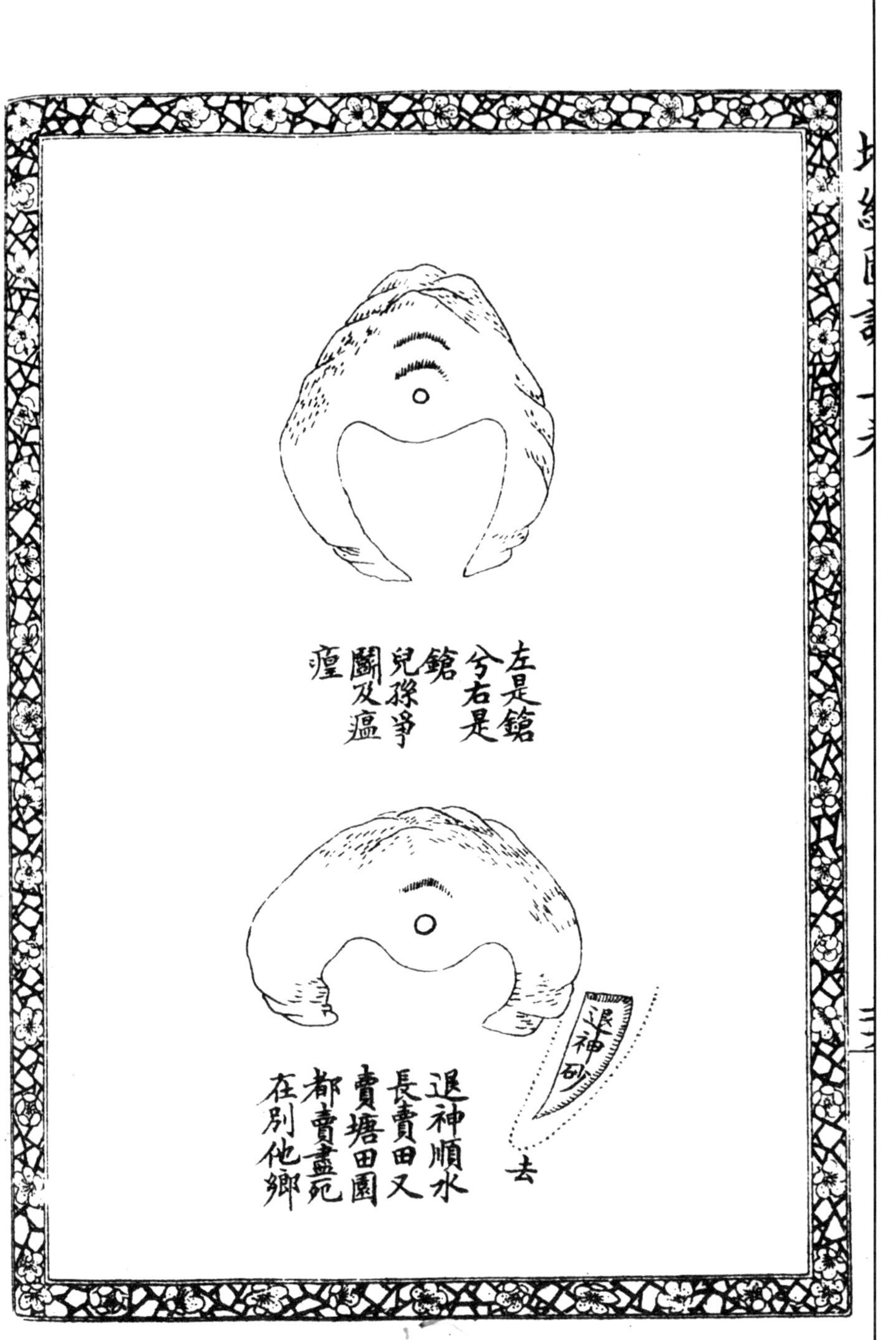
左是鎗兮右是鎗兒孫爭鬪及瘟癀
退神砂
去
退神順水長賣田又賣塘田園都賣盡死在別他鄉

青龍似獻掌
男人去乞糧
白虎如獻掌
女人去乞糧
青龍疊疊在
坟前
其家買得好
田園
一重龍案
顧錢糧無
千數
二重顧明
堂富貴足
田莊
三重亦明
堂家中小
神仙

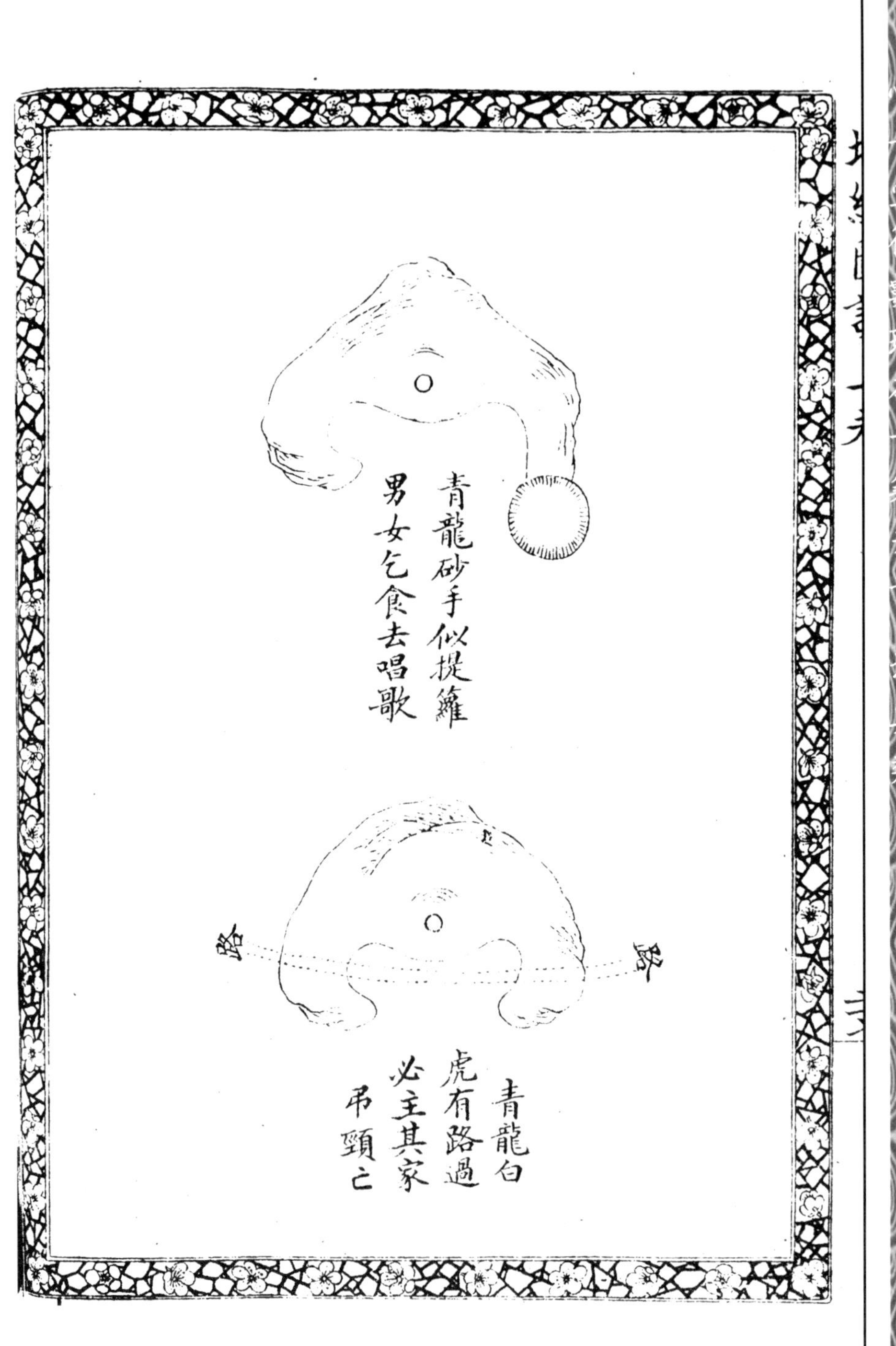
青龍砂手似提籮
男女乞食去唱歌
路
路
青龍白虎有路過
必主其家吊頸亡

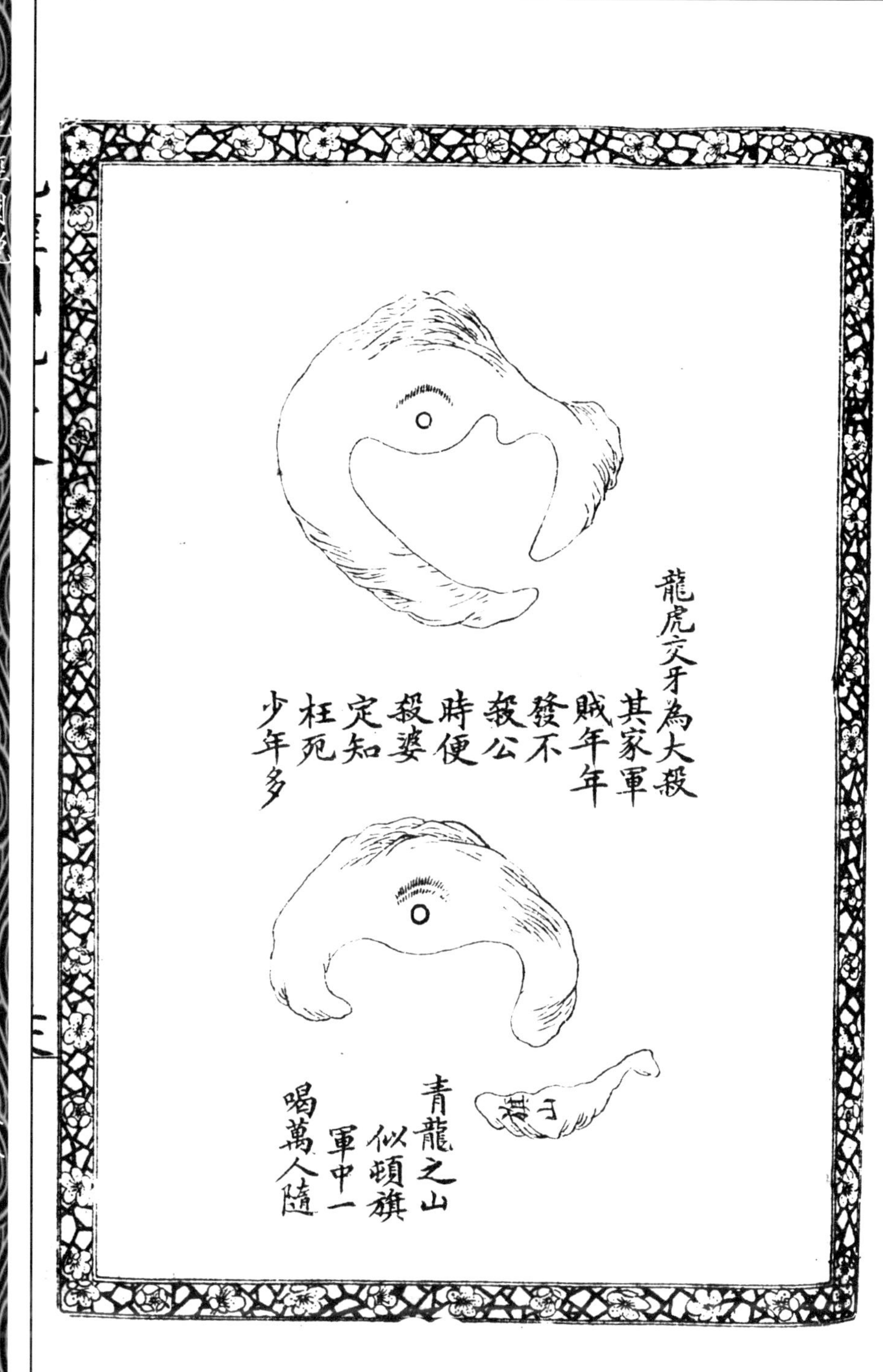
龍虎交牙為大殺
其家軍
賊年年
發不
殺公
時便
殺婆
定知
枉死
少年多
青龍之山
似頓旗
軍中一
喝萬人隨

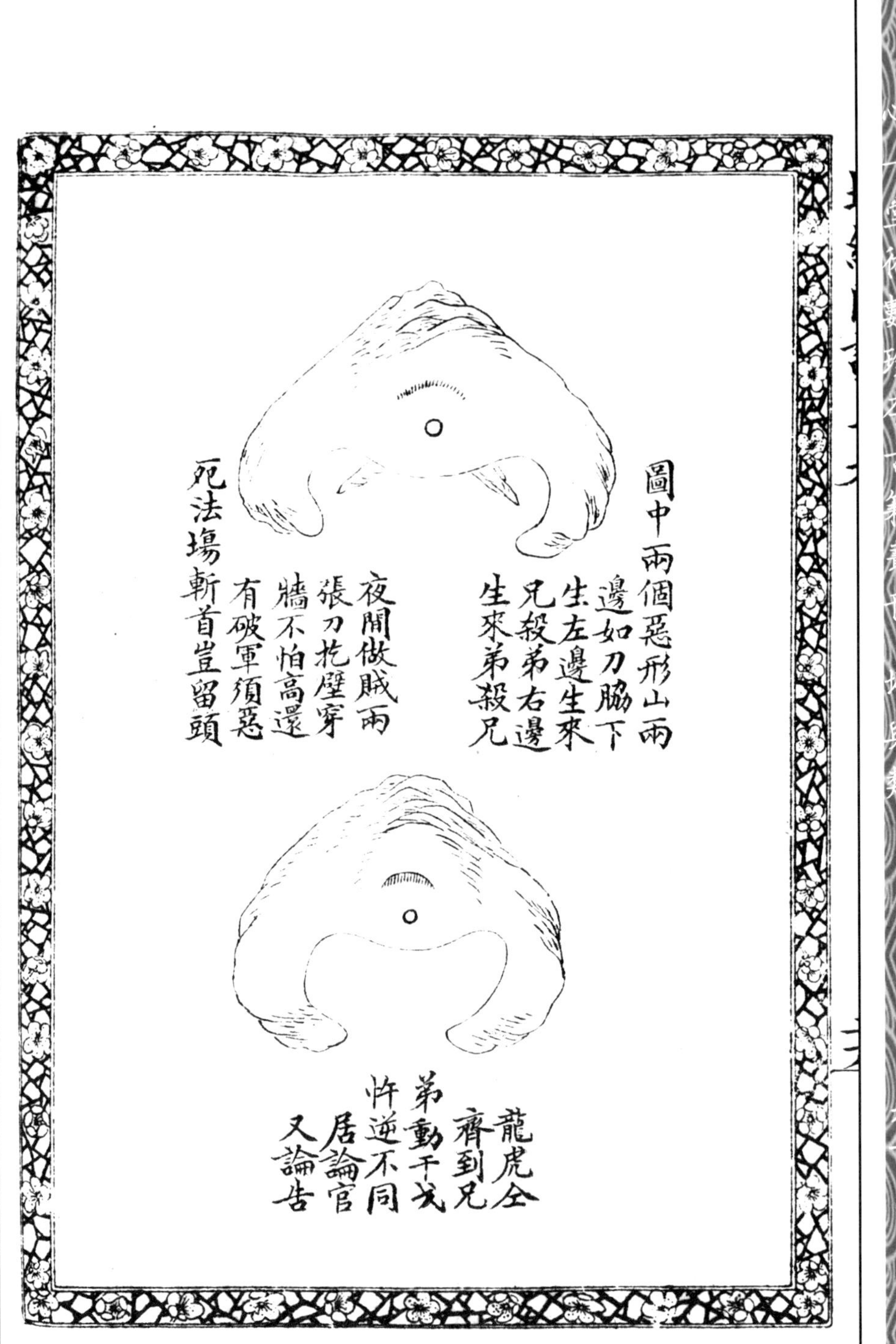

圖中兩個惡形山兩邊如刀脇下生左邊生來兄殺弟右邊生來弟殺兄

夜間做賊兩張刀扢壁穿牆不怕高還有破軍須惡死法場斬首豈留頭

龍虎全齊到兄弟動干戈忤逆不同居論官又論告

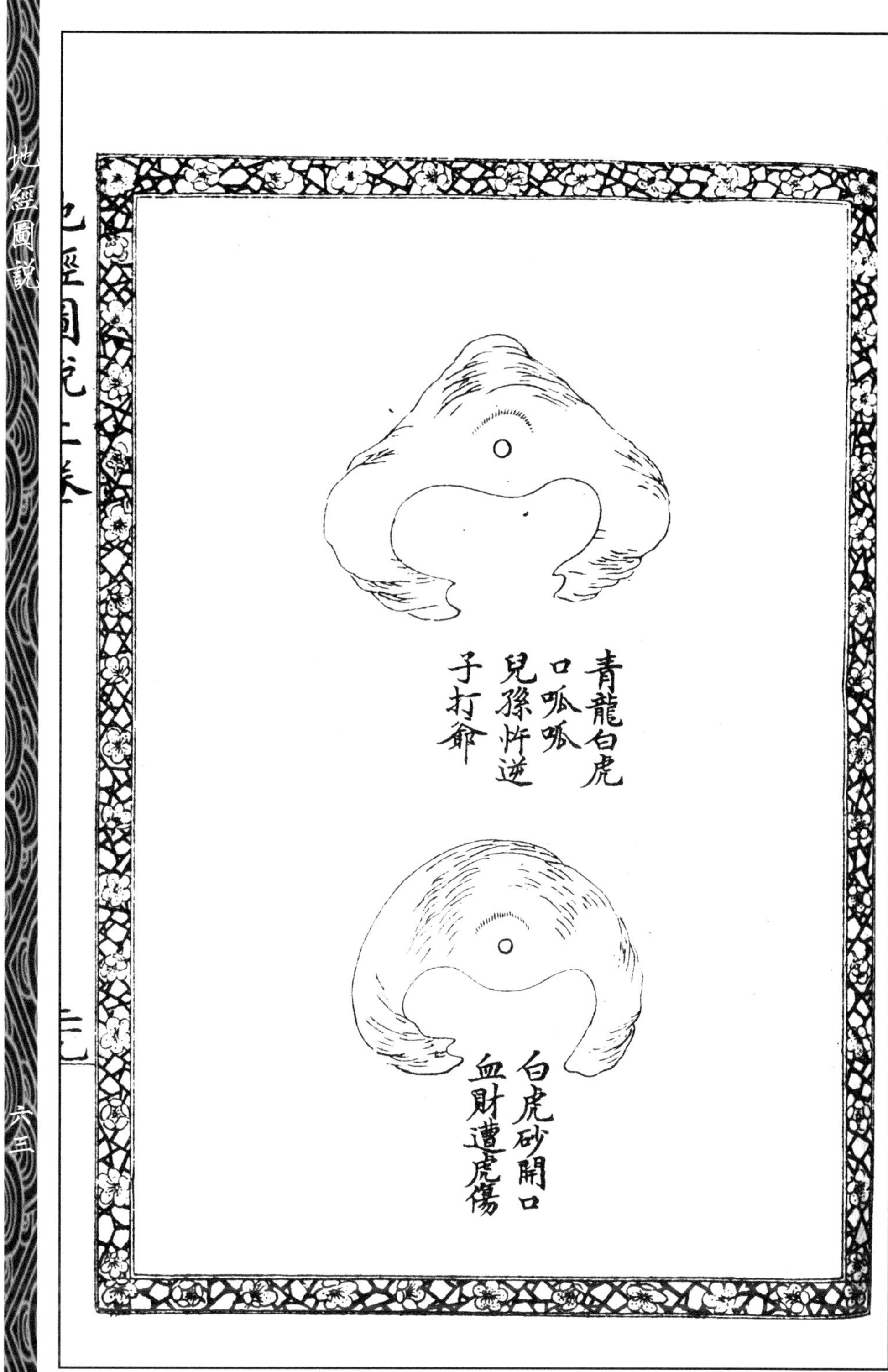
青龍白虎
口呱呱
兒孫忤逆
子打爺
白虎砂開口
血財遭虎傷

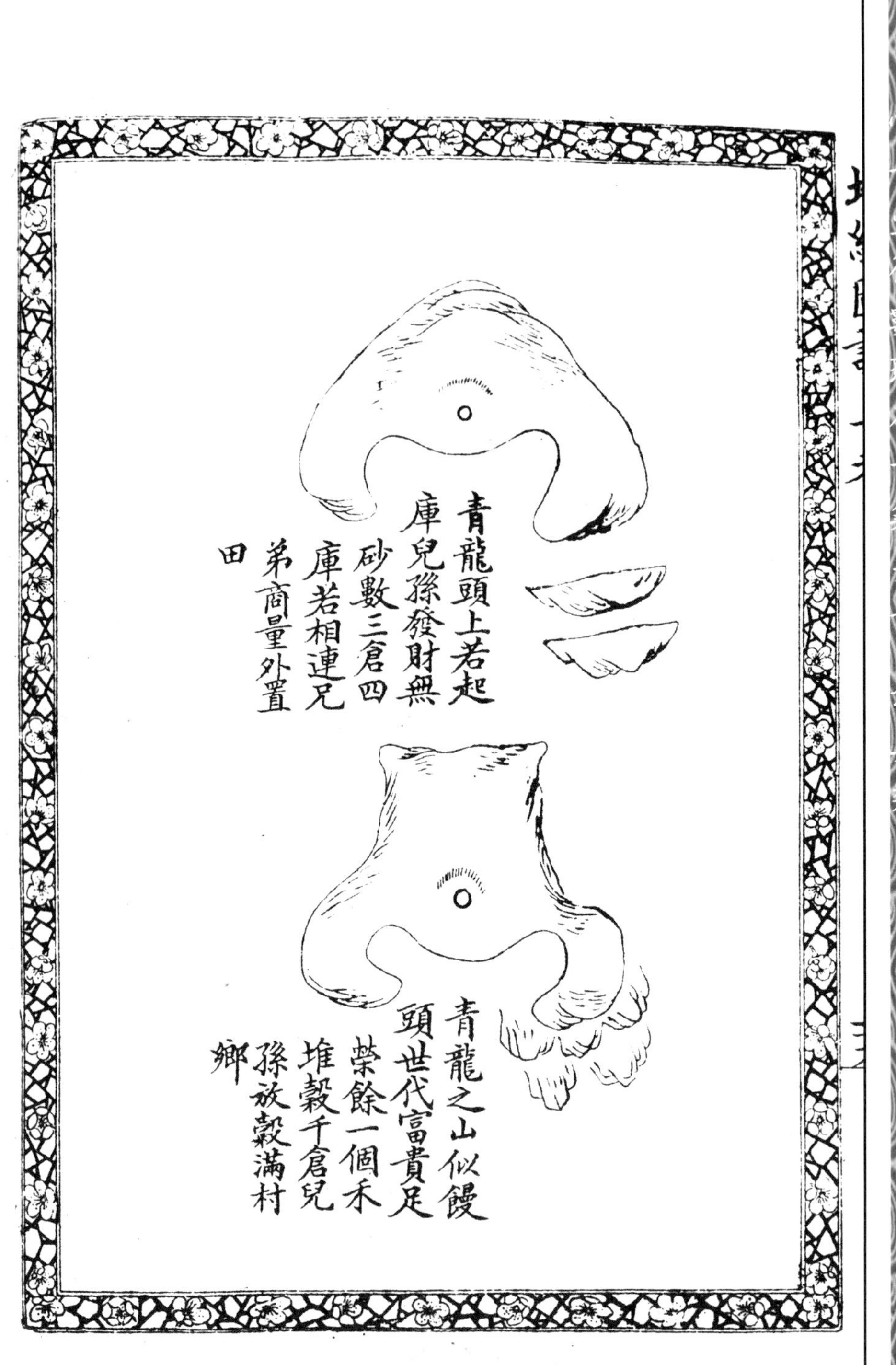
青龍頭上若起
庫兒孫發財無
砂數三倉四
庫若相連兄
弟商量外置
田
青龍之山似饅
頭世代富貴足
榮餘一個禾
堆穀千倉兒
孫放穀滿村
鄉

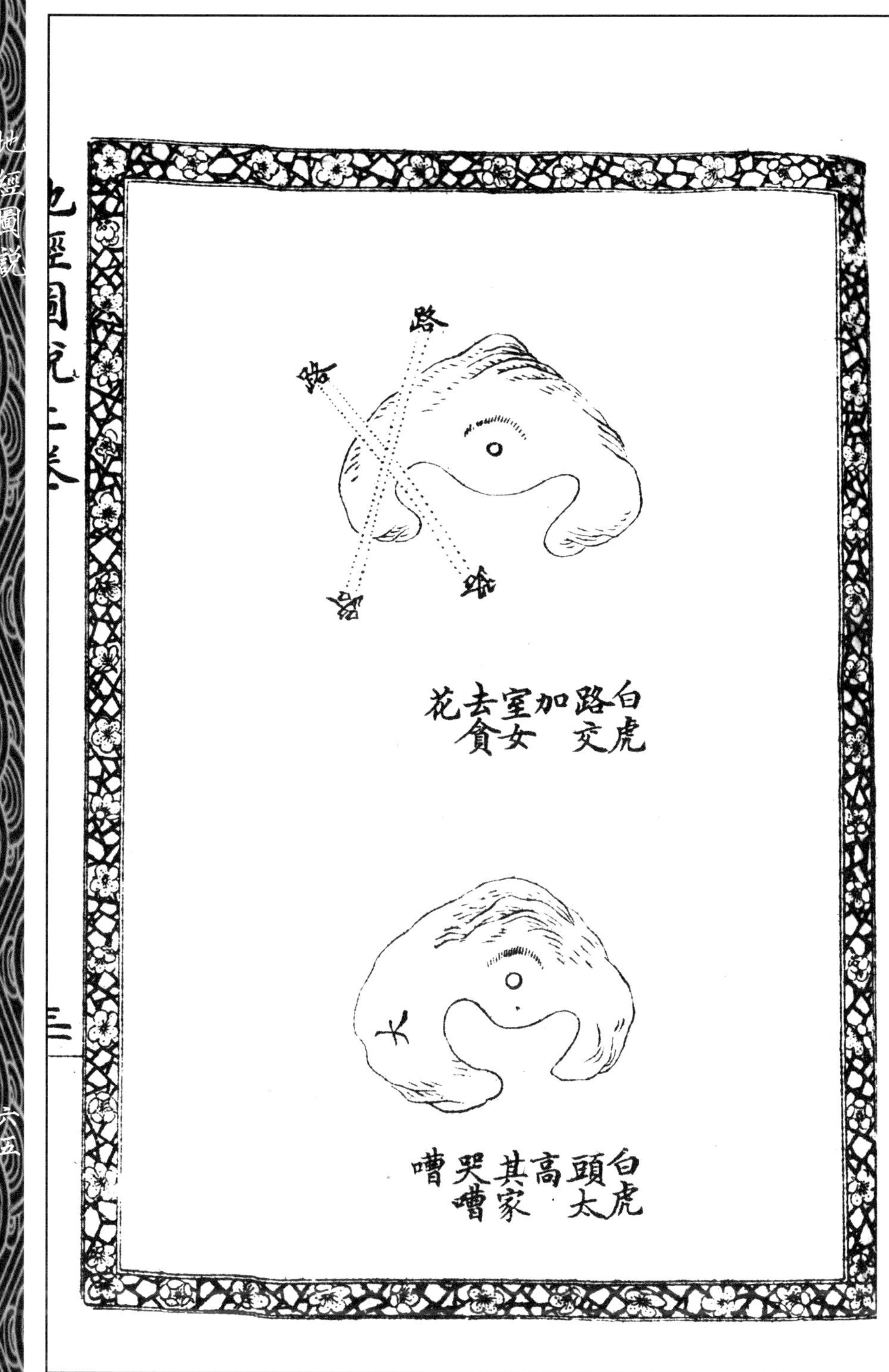

白虎路交加
室女去貪花

白虎頭太高
其家哭嘈嘈

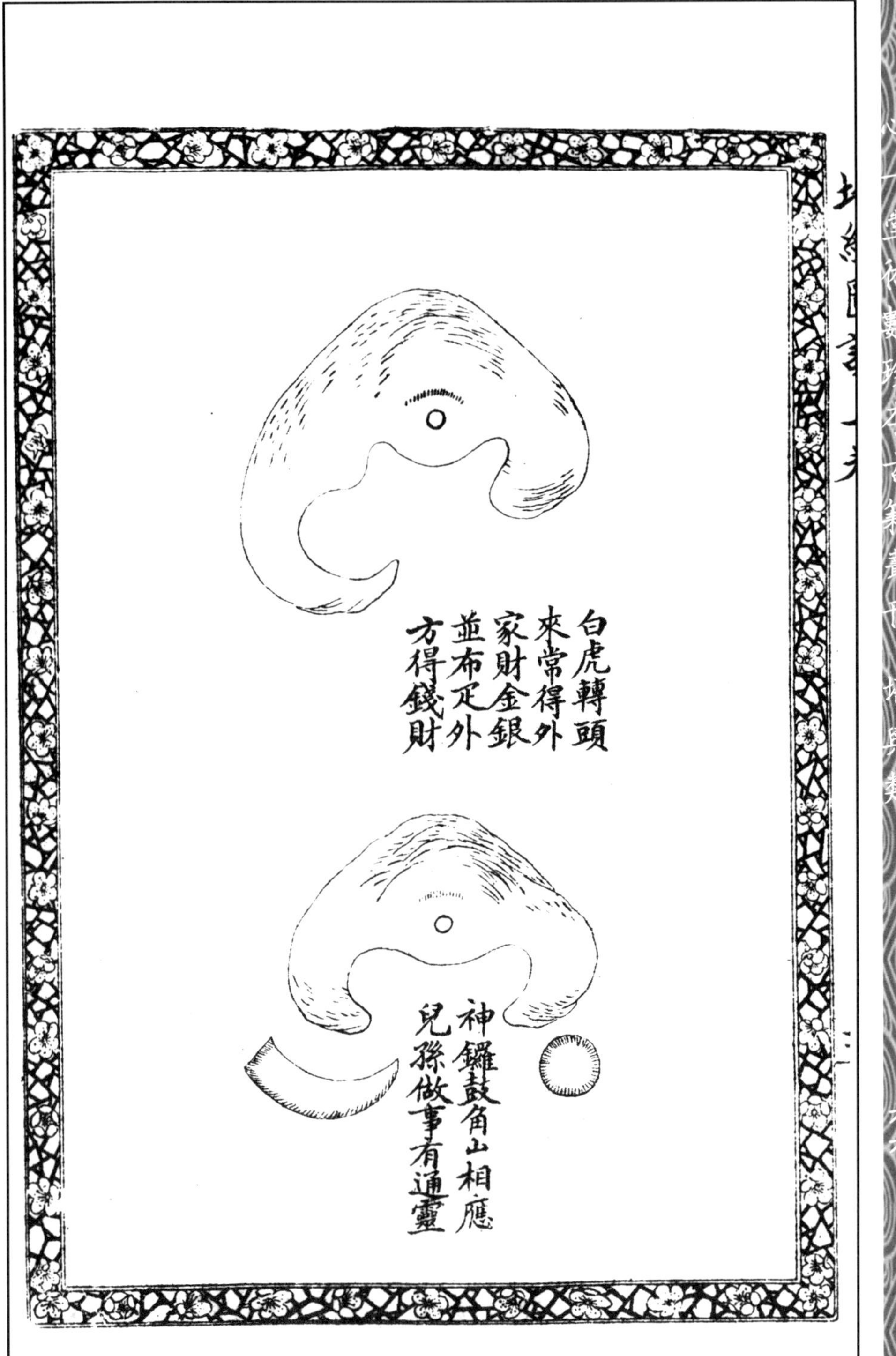
白虎轉頭
來常得外
家財金銀
並布疋外
方得錢財
神鑼鼓角山相應
兒孫做事有通靈

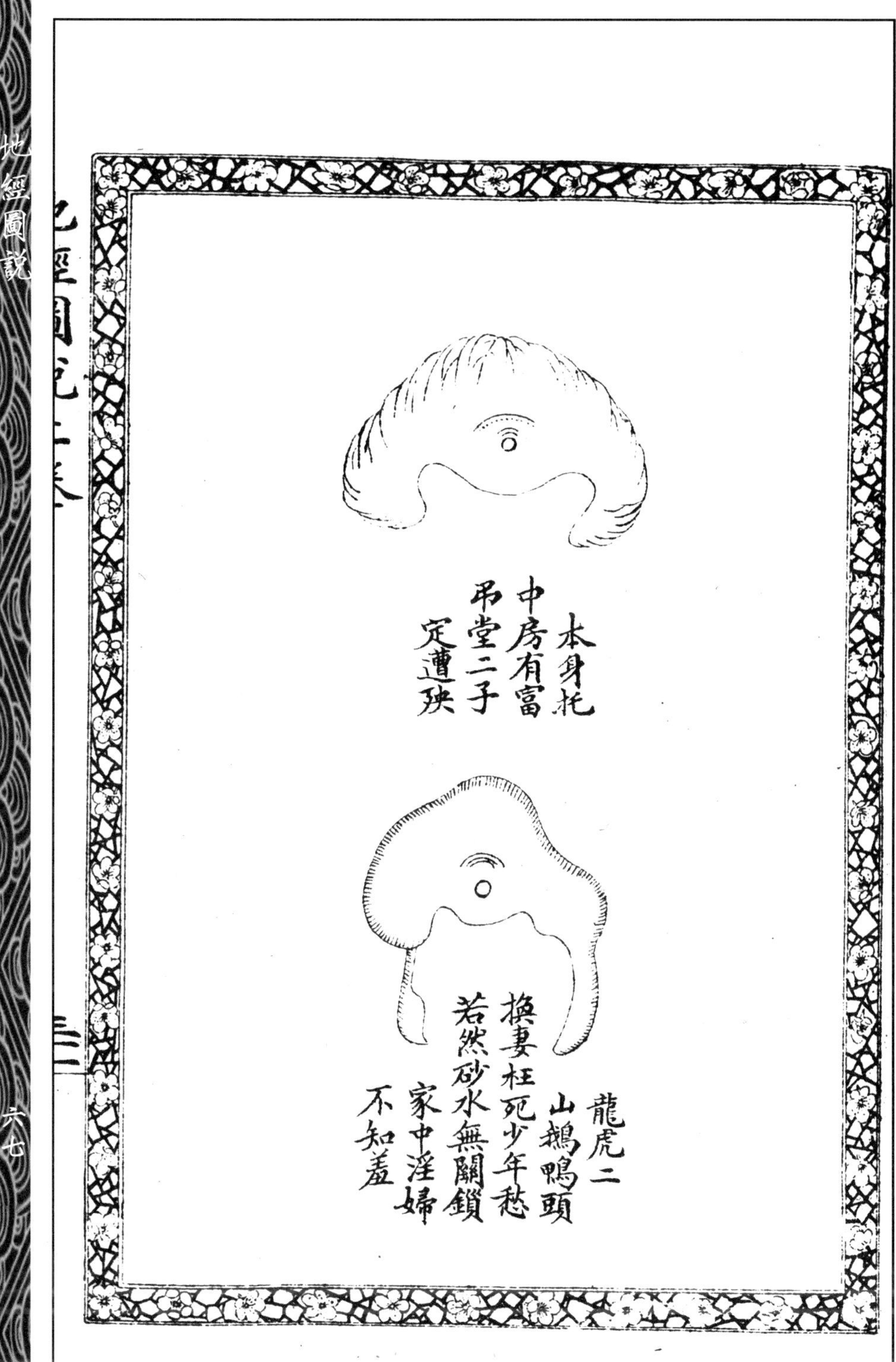
本身托
中房有富
弔堂二子
定遭殃
龍虎二
山鵝鴨頭
換妻枉死少年愁
若然砂水無關鎖
家中淫婦
不知羞

勢倒左邊有土托
長房發福旺財丁
勢倒右邊有土托
三子發福富無休

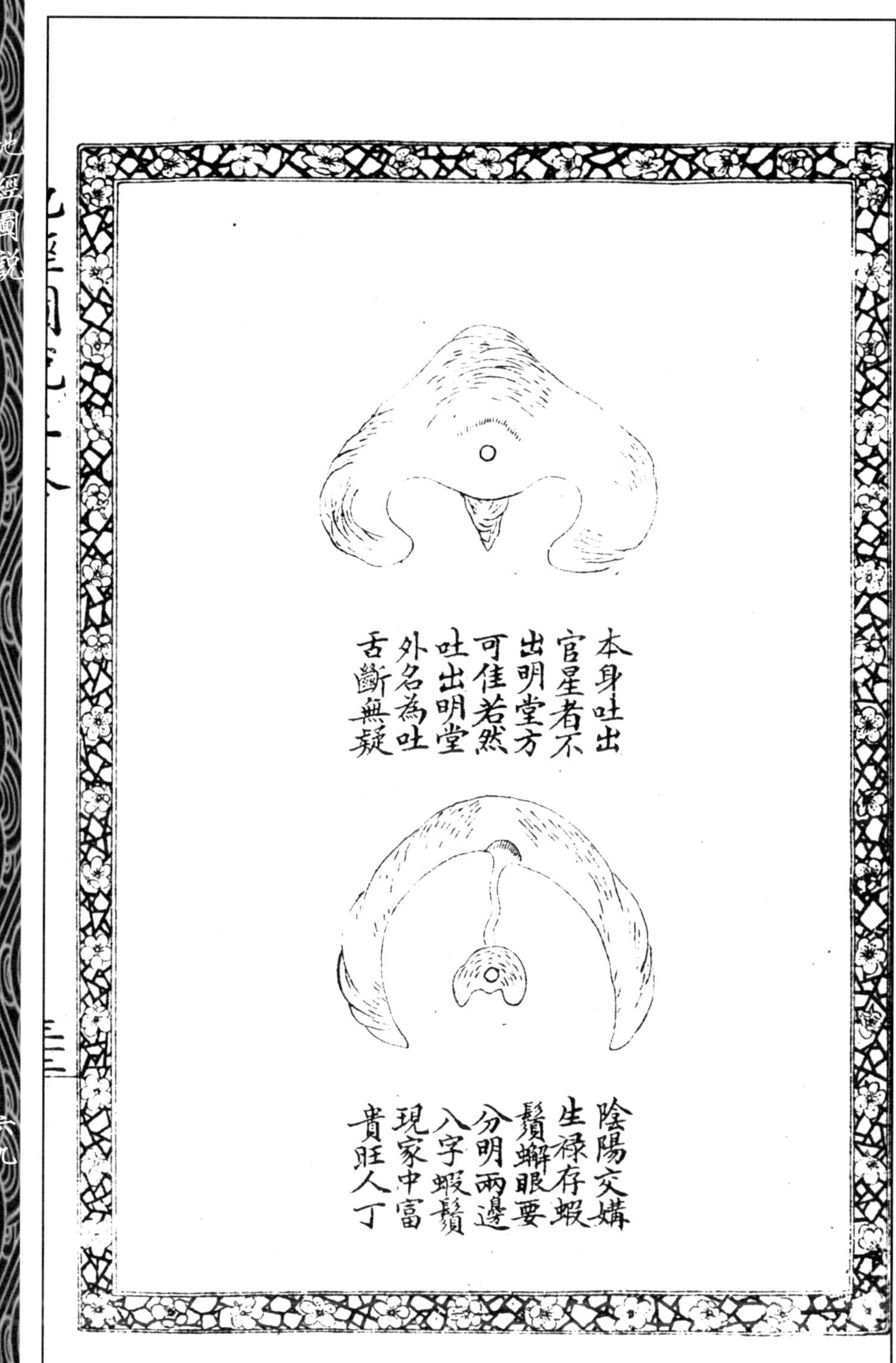
本身吐出
官星者不
出明堂方
可佳若然
吐出明堂
外名為吐
舌斷無疑
陰陽交媾
生祿存蝦
鬚蟹眼要
分明兩邊
八字蝦鬚
現家中富
貴旺人丁

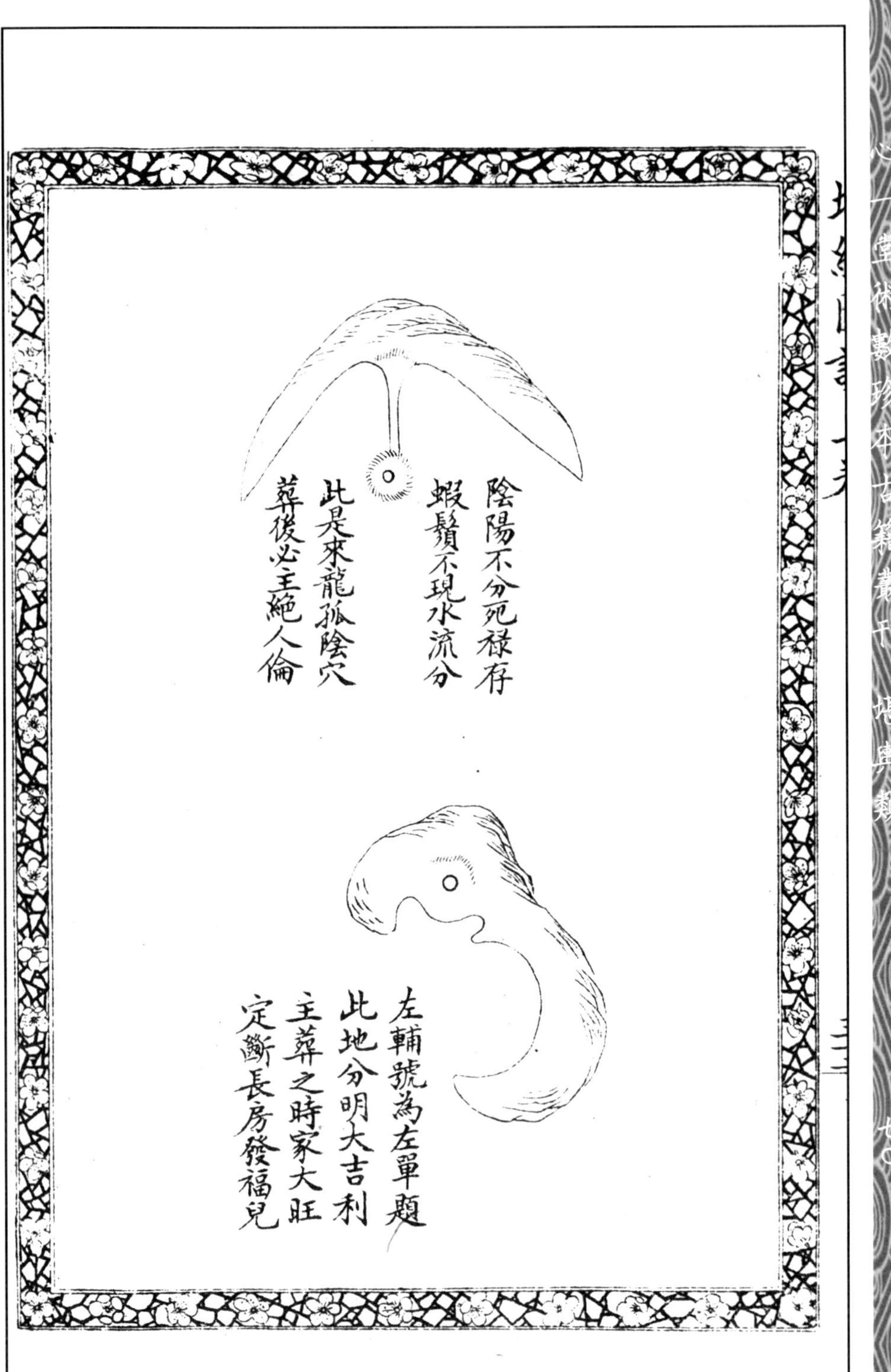
陰陽不分死祿存
蝦鬚不現水流分
此是來龍孤陰穴
葬後必主絕人倫
左輔號為左單題
此地分明大吉利
主葬之時家大旺
定斷長房發福兒

向
白虎高太壓
妻子受災殃
青龍如勒馬
富貴傳天下
白虎如勒
馬武職拜
皇家

白虎山
嵯峨其
家出寡婆
淫慾常常
有瘟火
見干戈
龍虎山
横勢若斜
割包猪肚似冬瓜
兒孫扛屍在外死
黄腫長病
在其家

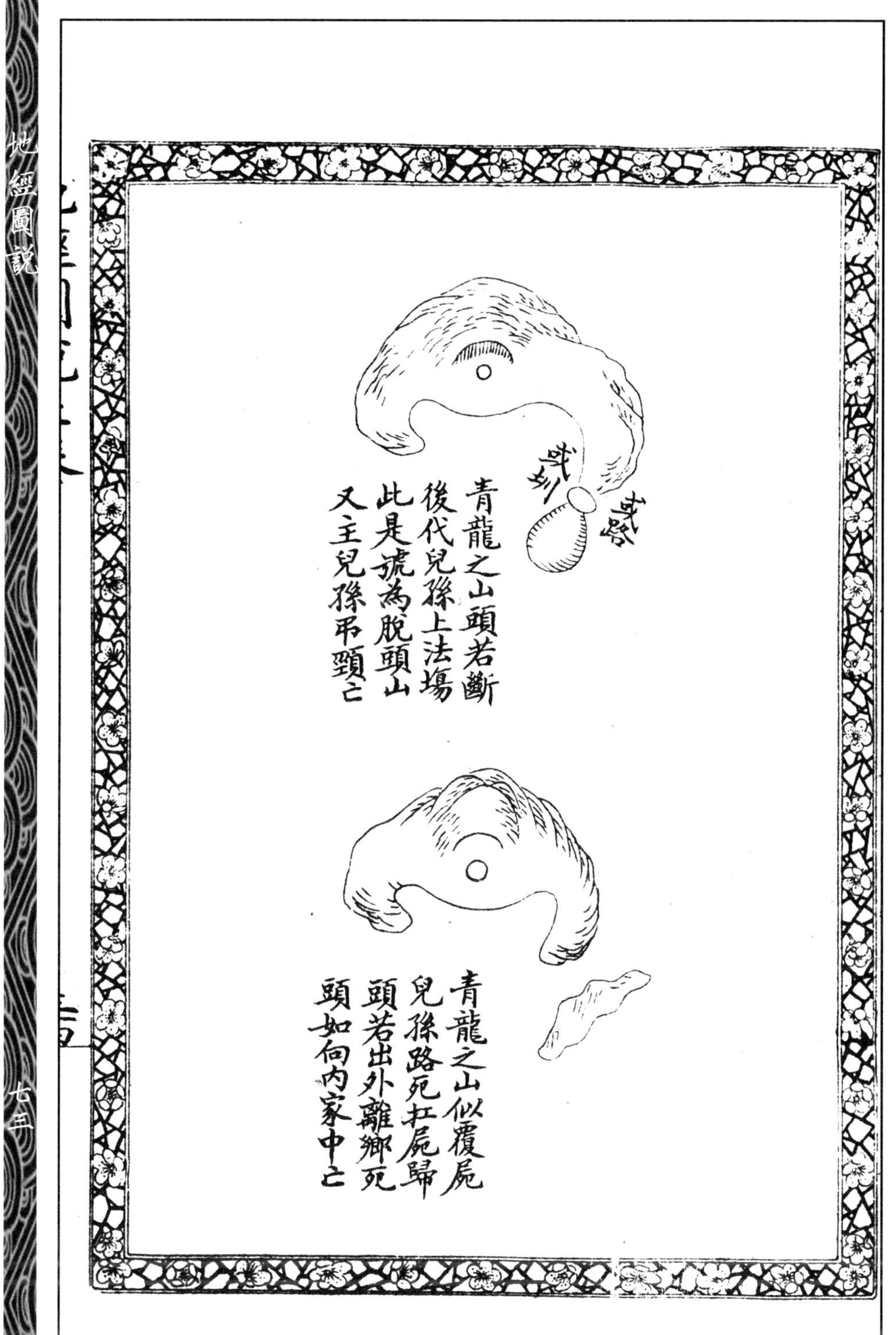
或路
或坳
青龍之山頭若斷
後代兒孫上法場
此是號為脫頭山
又主兒孫吊頸亡
青龍之山似覆屍
兒孫路死扛屍歸
頭若出外離鄉死
頭如向內家中亡

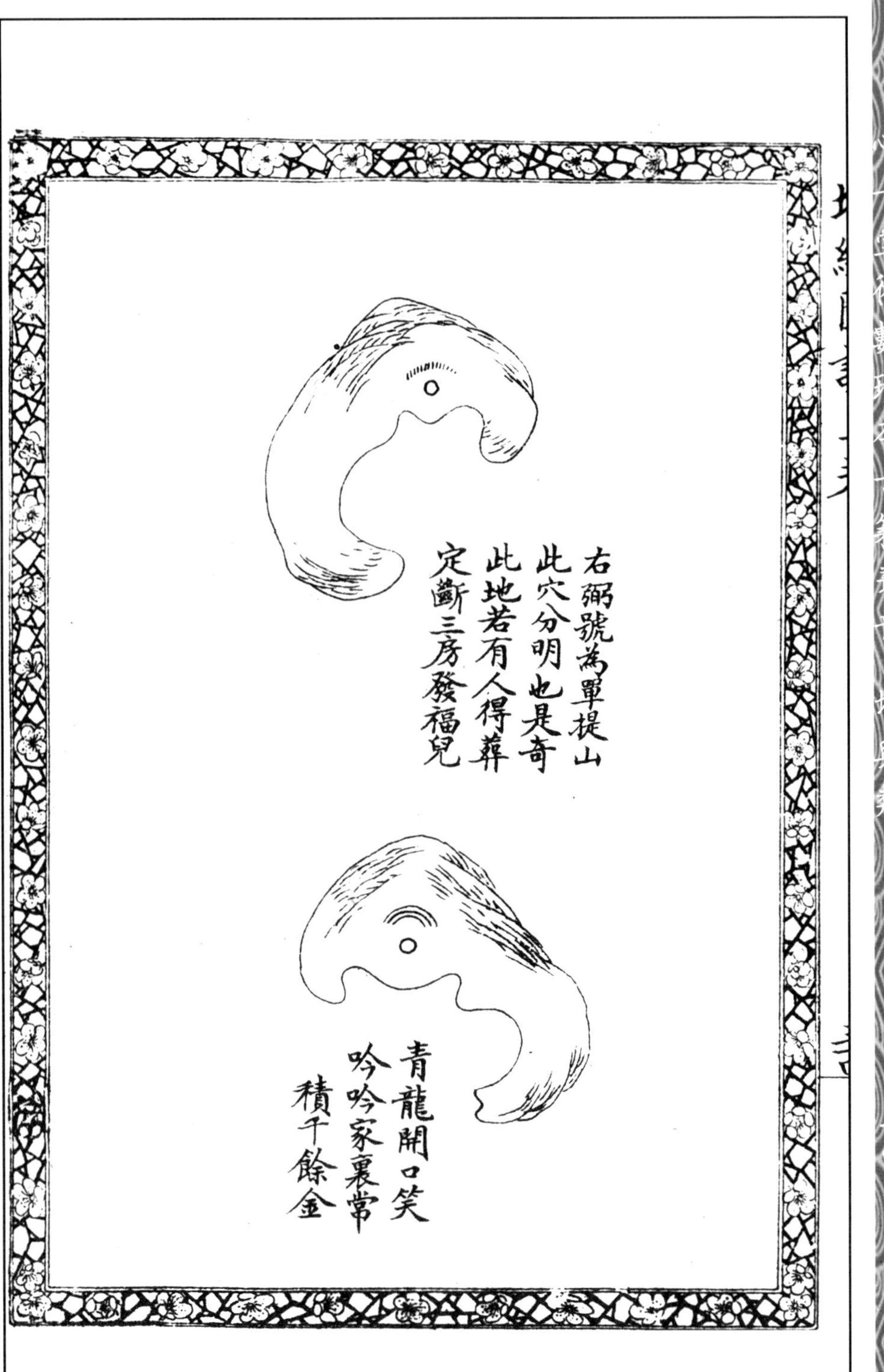
右弼號為單提山
此穴分明也是奇
此地若有人得葬
定斷三房發福兒
青龍開口笑
吟吟家裏常
積千餘金

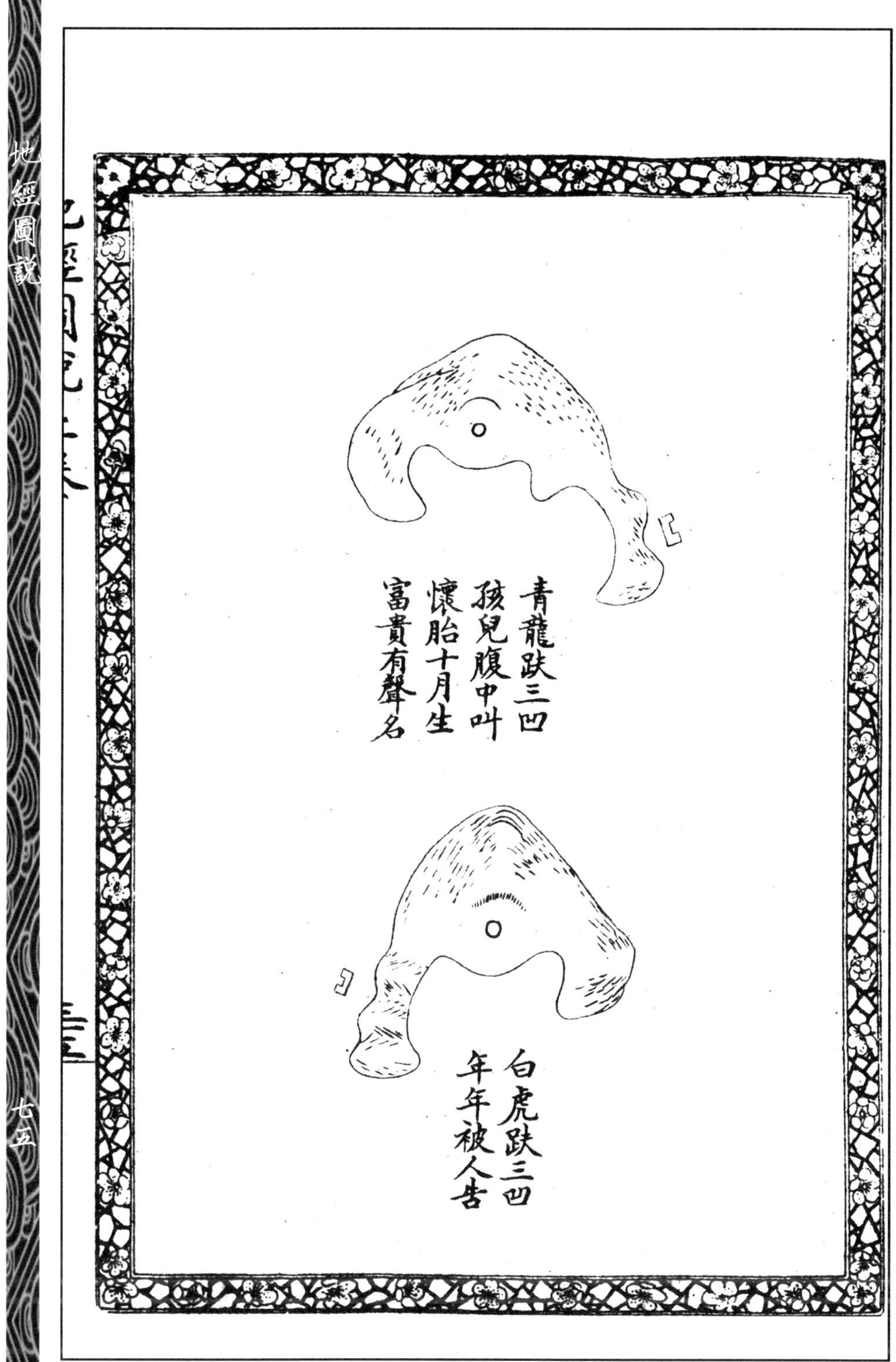
青龍跌三四
孩兒腹中叫
懷胎十月生
富貴有聲名
白虎跌三四
年年被人告

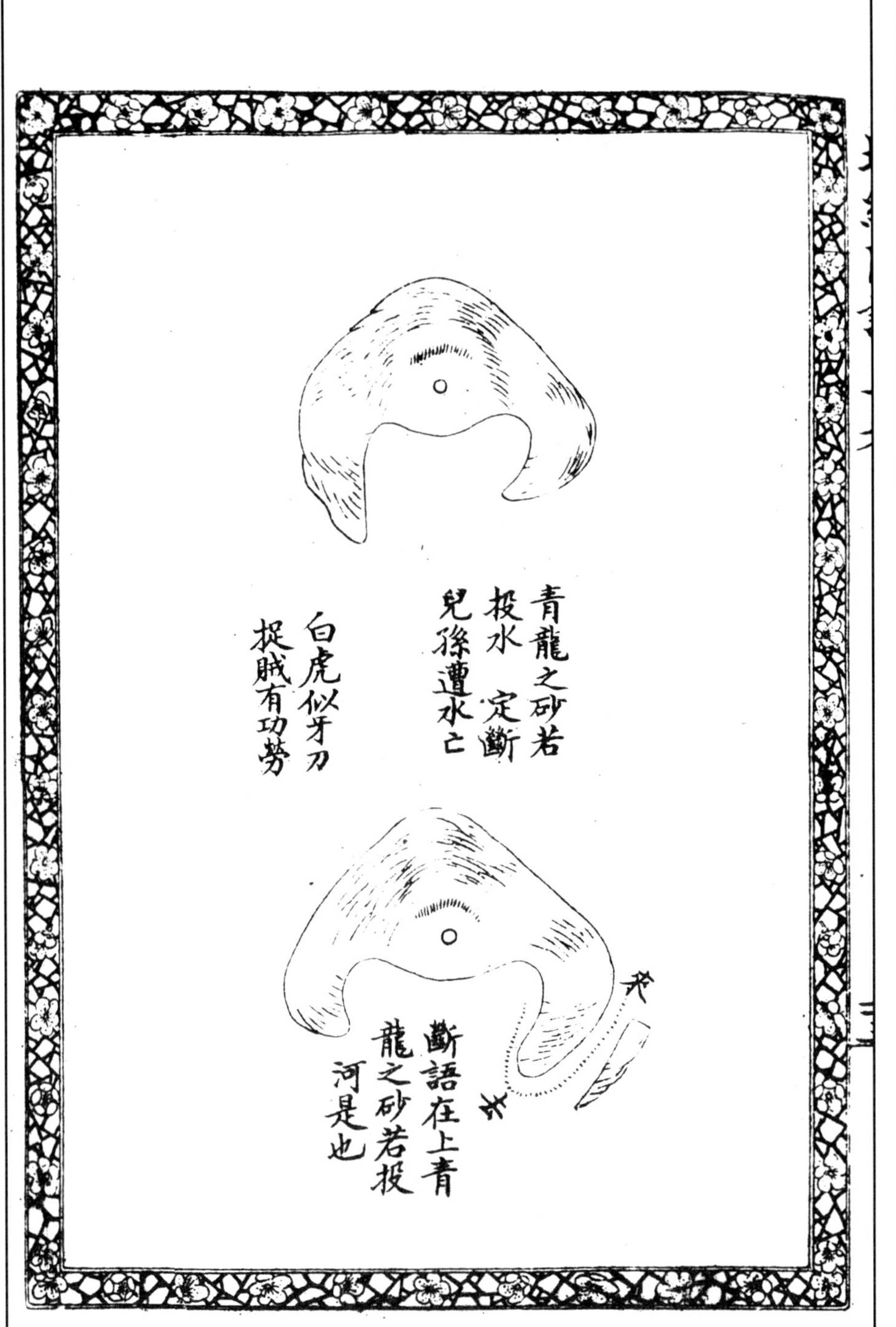
青龍之砂若
投水　定斷
兒孫遭水亡
白虎似牙刀
捉賊有功勞
斷語在上青
龍之砂若投
河是也

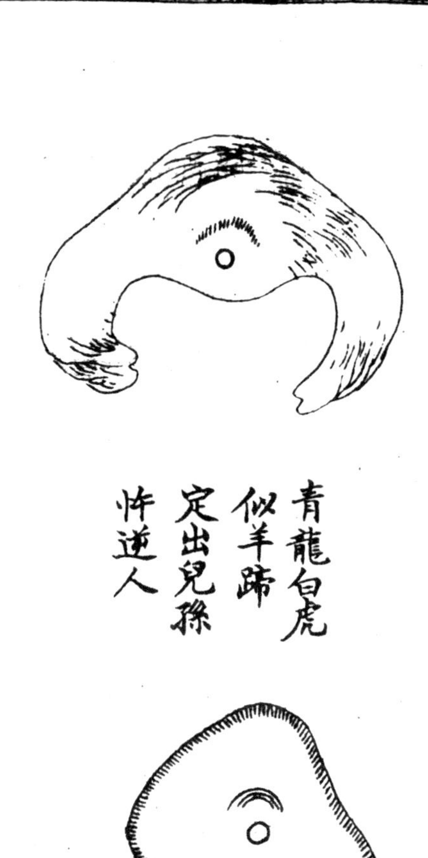

白虎擎拳
人打死青
龍擎
拳打
死人

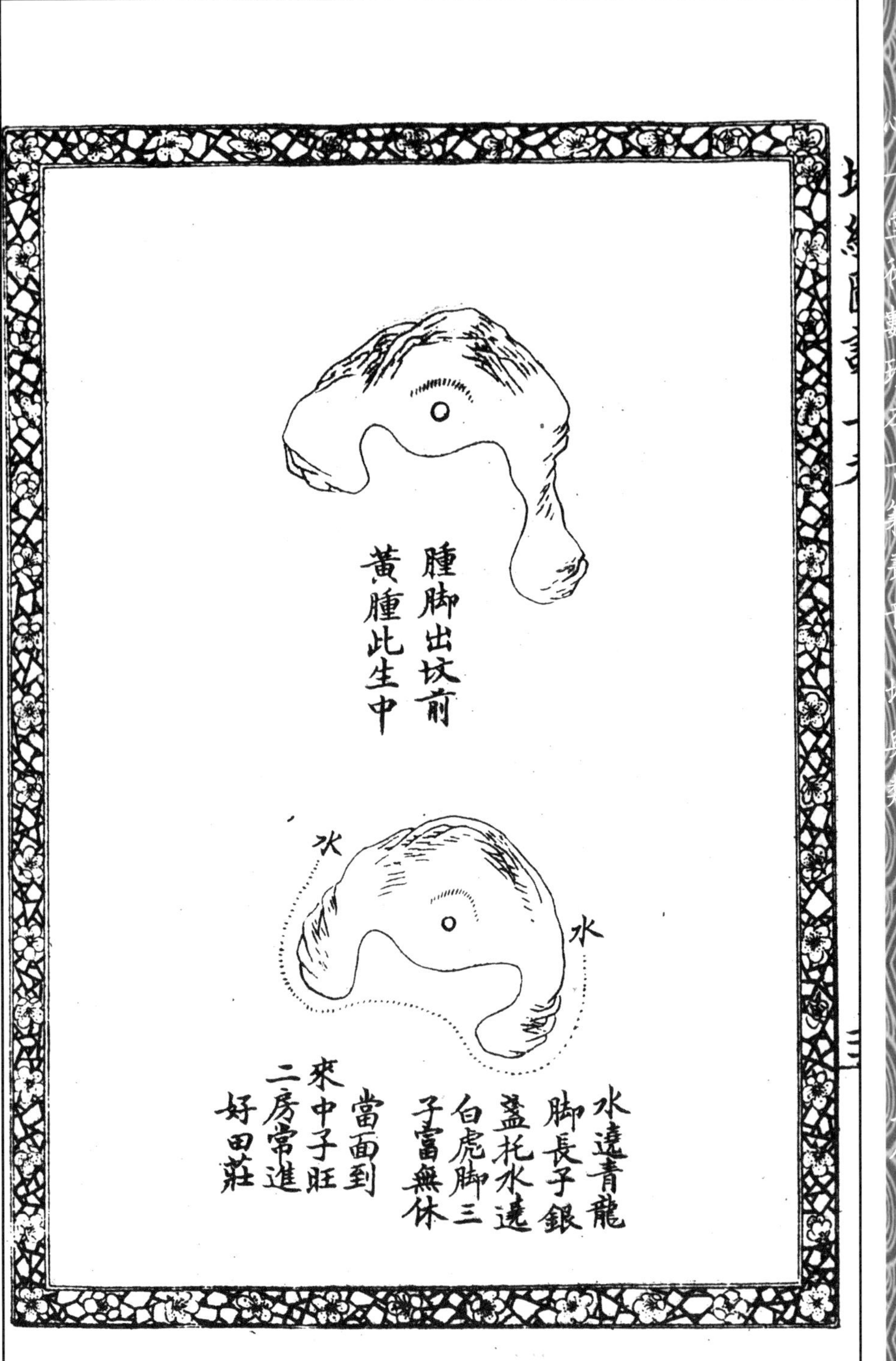
腫脚出坟前
黃腫此生中
水
水
水遶青龍
脚長子銀
盞托水遶
白虎脚三
子富無休
當面到
來中子旺
二房常進
好田莊

諸向結作形體

養向龍來半橫縱從冠趨旺養堪逢養迎生旺水歸左後砂傳纏到絕胎工養與衰對養向亦有冠來衰落一橫一縱作十字排針龍格亦結大地書只言其理亦不可盡拘

生向龍勢半橫回從冠趨旺左旋氣生潮潮生水龍旺旺龍逢水歸左短短下砂守墓宜言水宜歸龍向正庫云凡寅申巳亥四生向皆為驛馬之地然必親任軍政有軍政在手斯為有馬故凡生向以水大墓地為首吉四局乙辛丁癸是四冠帶龍甲庚丙壬是四旺龍龍從冠趨旺是乙丙交辛壬聚庚丁合癸甲連生養二向穴坐衰病故以旺龍入首為首吉

沐浴之向水難明四水朝來是真情橫龍有砂纏後至纏到胎位水流榮死與沐浴相對如木死於午即入壬子水之胎元轉向壬子沐浴適逢水之旺地所謂死入沐胎化沐旺所以四水朝來吉此向屬橫龍必有夾龍纏後砂回轉纏到龍之胎位使水流胎位而去方為合格斯為真龍特結之火地若無纏後之砂纏到胎位則水口不真恐是假龍假穴不可輕扦又書云沐浴須從向沐消如木局立壬子沐浴向壬水生申庚為沐浴水出庚口是從向上沐浴消水而為龍之胎位也

旺向龍來在左前半橫半逆右龍旋宮旺水朝流歸右纏後砂到富貴全（龍無後形夾輔只是迎龍一砂身譬如富貴長前收主此錢者不是渠錢雖在前不得主其家焉得有錢發福只是一二代以後就衰可預言之）

衰向龍頭與旺同半橫半逆穴堪逢衰迎官旺水歸右纏後砂到識真龍旁合逆轉後胎去大地後砂必纏龍流胎復轉庫方出大地後砂頭外重（旺衰二向龍局砂水可合參此二向龍係右旋陰龍趨入以乙辛丁癸四冠帶龍為首吉蓋四冠帶龍生養反在旺衰二向上所謂龍與向生旺會合也此二龍勢半橫半逆必有纏後砂逆轉夾龍到穴方是真龍特結否非逆龍之砂亦是為上龍鎖水之山縱有結作亦是小地故曰後砂纏到富貴全經云衰向流來胎位去而墓絕胎俱可消水旁合逆轉歸胎去是隨龍之後砂纏到穴旁逆轉繞後墓絕胎去流胎復轉庫方出是前來之砂灣抱管到青龍絕胎之位纏後之水砂湊合繞到右前庫方而出總要纏後有砂方見真龍真結）

病向龍橫掛落真兩砂拱夾到穴前左砂過堂右砂抱橫逆兩局俱吉神水歸向上文庫吉（如水局立艮寅病處逢生之向艮寅為長生甲卯即向之沐浴消水合吉左砂過堂右砂合襟出甲吉逆水朝來出甲吉去龍回收富貴全若得去龍回轉來收水自是大地所謂小地以砂為用神大地以龍為用神也○蔣氏書說敗病向謂敗病向龍穴實難清逆水半吉是真情只因水口無可出虧房於水去處應○曾見病向一局多結名墓

曾見譚氏大祖坟水局坐申向寅兼坤艮內局左砂過堂右砂灣抱向上水逆朝出甲文庫而去巨富巨族奕世簪纓此山分兩房二房大發長房次之或云生氣受病之故曾見何氏大祖地西龍橫來從南方起頂掛落特降起伏牽連而結穴坐丙向壬兼巳亥作病處逢生之向穴前左水倒右去龍回轉兜收水出向上壬方文庫暗纏癸丑方去巨富巨族奕世科甲此山分四房左邊被石磡岩一水箭穴葬師囑云此山長房絕取四房之子入繼日後發福房分均平果如其言取四房之子入繼者以四房還居此子肩左肩之砂開面照顧去四同宮故也

死向橫來掛落龍左水過堂右收工死中化旺閭來水橫逆兩局俱堪從旺來衰去正合吉去龍回轉大地逢凡橫來掛落之龍結穴得去龍回轉來收水俱成大地凡死向是橫龍貼結居多上砂撥開去龍回轉成堂者是大地從旁出砂收水者是小地而已○凡死向與沐浴相對如水死於甲卯即與庚酉水之沐浴相對甲卯為金之胎元庚酉為金之旺地水死報入金胎適逢金之旺所謂死報胎入旺家水流向上衰病方即破山家生養故此局多見二房興發長三必有一房虧於水去處應之不如下廉貞本局明堂窩聚藏形去房分均發之吉

病死正廉向若何橫來正結兩砂扶明堂窩聚藏形去兒孫代代入皇都死向亦有橫來貼結者曾見何氏太祖坟發龍轉甲橫入頓起金星開口本身盤糾兩砂兩邊旁夾之砂重重拱護明堂窩聚水去藏形巨富巨族房分均平可為死位正廉向之一證也

墓向絕出是元通兩砂回環結織工左砂過堂右砂抱砂環水聚出英雄凡立乙辛丁癸挨兼辰戌丑未三分為正墓向內外兩盤皆屬乙辛丁癸之向名單向必迎向上左水先過堂右水合襟出於乾坤艮巽之方合辛入乾宮百萬庄癸歸艮位煥文章乙向巽流清富貴丁坤終是萬斯箱之四大吉局為上吉右水先過堂犯黃泉兼破向祿決然傷丁破財。又冠帶對墓故凡立墓破凡立墓向庫墓水逆來倒沖必至傷丁破財絕嗣故論此局者謂不怕當面水直流只怕當前水逆潮也

絕向形體不一數右旋龍局有兩圖生來會旺水歸左左砂收來水歸庫如水局立巽巳墓向絕處逢生之向宜右水倒左收向上官旺水過堂歸於乙辰龍上正庫而去此兩局右水倒歸正庫吉下局右水倒歸祿存亦吉

絕處逢生墓亦化貪狼星照顯光華左砂過堂右砂抱流盡祿存富貴家也有橫龍腰裏落大地去龍作收砂絕處逢生之向右水倒左左水倒右俱吉者何書曰用馬須尋軍數君仔細分又曰馬在將軍前邊疆喜作鎮寅申巳亥四生向皆為驛馬辰戌丑未四墓向皆為屯軍地然必有軍政在手斯有馬故立絕處逢生之驛馬向收右水倒左歸龍上破軍而去合吉所謂用馬須尋軍也若左水倒右歸於甲庚丙壬之祿存方去合吉者取向上之巳酉丑馬反在亥是取向上之驛宮回環到山收左邊驛馬回環之艮寅甲卯之官旺水上堂化庫墓水為馬上巨門水又為將軍勒馬水又

為三合向上之養水所謂馬在將軍前邊疆
喜作鎮也以此用馬之法分為兩局皆吉也
胎向由來坐旺山正龍正結兩砂環明堂窩聚藏形去富貴人物在其間書之胎向胎出
胎向暗聚胎流富凡立胎向見須歸左其實
胎水拋露直出均屬不吉也

蓋巒頭與理氣體用同歸一原識得諸向形體而理氣即在其中而尋山之法亦思
過半矣

以上所結諸向形體向向俱要下砂先哲云下砂不轉莫尋龍誠哉是言也

論雙向單向他向口訣

開山立向豈易言須知內外兩盤線干支兼右單向管支向兼左雙向見干兼左作他向
論生旺從縫忽轉身胎養墓衰同他轉干向縫轉他向真干支兼右單向管如左旋甲龍立乾向挨兼右亥三分則內外
兩盤皆是乾向為甲龍之吊拱水歸丁方○又如左旋卯龍立亥向兼右壬三分則內外
兩盤皆屬亥向為卯龍之吊拱水歸未方是為單向故曰干支兼又單向管如今人說一

九線而作單向者亦必以干支挨加右邊落線方是正單向也　支向兼左雙向見如左旋甲卯龍雙行入首立亥向挨兼左乾三分取其內盤亥向外盤乾向是為雙向為甲卯龍之雙山吊拱故曰支向兼左雙向見　又干兼左作他向論如左旋卯龍入首立乾向挨左戌三分此向不在雙山三合之中亦不在雙向單向之內取卯與戌合而兼戌外盤係屬戌向不為水之生而為木之養向　又如左旋甲龍入首局向壬亥立壬向兼亥三分此向亦不在雙山三合雙向單向之中而縫針亥向適進前先到即以縫針亥向為主消納水神不為水之旺而為木之生向也　又如右旋庚丁龍入首立癸向挨左子三分此向亦不在雙山三合雙向單向之中而縫針子適進前先到即以子向為主消納水神不為金之墓而為水之旺也是干兼左作他向論生旺從縫忽轉身也

又訣

兩干夾支支中取兩干挨兼把支從支是生向從生論支是旺分歸旺宮支墓分均作墓雙單他向俱在中餘向入宮皆同論能明此義活天上　如巳支巽丙拱夾巽兼巳作生向而內外皆屬巽向是單向巳兼巽內盤巳向外盤巽向是巽巳雙向丙兼巳外盤係巳向此向不在雙山三合雙向單向之中而縫針巳向適進前先到不為火之旺而為金之生即以巳向消納水神故曰他向其實兩干挨兼巳之中支者均可作巳之生向故曰支是生分從生論　○又如午支丙丁拱夾夾丙兼午內外皆屬丙向是單向午兼丙內盤午向外盤丙向是丙午雙向丁兼午外

盤係屬午此向不在雙山三合之內雙向單向之中而縫針午向適進前先到不為木之墓而為火之旺即以午向消納水神故曰他向其實丙干挨兼午之中支者均可作午之旺向故曰支是旺分歸旺宮○又如未支丁坤拱夾丁向兼未內外兩盤皆屬丁向是單向未向兼丁內盤未外盤丁是丁未雙向坤兼未外盤係屬未向此向不在雙山三合雙向單向之中而縫針未線適進前先到不為水之生而為木之墓即以未向消納水神故曰他向其實丙干挨兼未之中支均可作未之墓向故曰支是墓分均作墓也

餘向入宮皆同論者如向屬絕胎養又以絕胎養之中支挨兼配局消納水神也餘倣此推

納音五行歌訣

從甲子甲午起舉甲子以包乙丑舉壬寅以包癸卯舉庚辰以包辛己又舉甲午以包乙未舉壬申以包癸酉舉庚戌以包辛亥舉一以包二舉陽以包陰曰欲知金在甲壬庚是以言甲子乙丑壬寅癸卯庚辰辛己甲午乙未壬申癸酉庚戌辛亥是十花甲皆金也餘丙戊寅壬俱從子午起類推

欲知金在甲壬庚丙甲壬兮是水坑戊丙甲兮火氣動庚戊丙兮報土功壬庚戊兮木高拱干起子午辰戌終

又訣

子午銀燈架壁鈎　辰戌煙滿寺鐘樓　寅申沙地燒柴濕　此是納音六甲頭

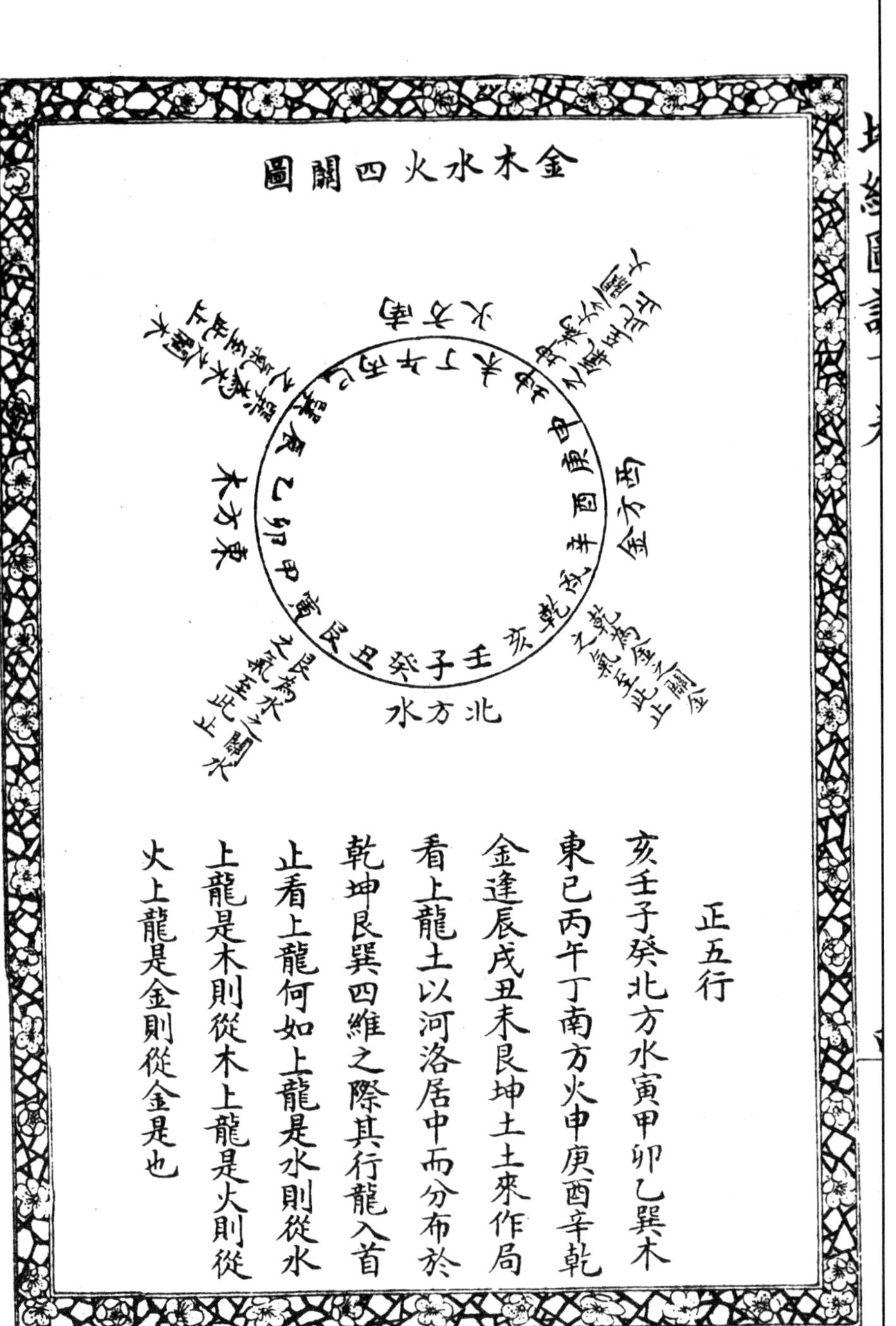

正五行

亥壬子癸北方水寅甲卯乙巽木東巳丙午丁南方火申庚酉辛乾金逢辰戌丑未艮坤土土來作局看上龍土以河洛居中而分布於乾坤艮巽四維之際其行龍入首止看上龍何如上龍是水則從水上龍是木則從木上龍是火則從火上龍是金則從金是也

金木水火分四關內雖有陰陽不同未出關其行龍尚在東西南北金木水火本方之處尚屬兄妹同居渾然其一脉既出關而為兄妹各别婚配他人是以於兩方相連交關之處即結婚之門是以於兩方相交作為兩姓好合左旋則為夫為陽右旋則為婦為陰分為金木水火四局乙丙交而趨戌辛壬聚而會辰斗牛納庚丁之氣金羊收癸甲之靈從此論龍配局立向消水有自來矣

四維交關入局所謂乙丙交而趨戌辛壬聚而會辰斗牛納庚丁之氣金羊收癸甲之靈是也

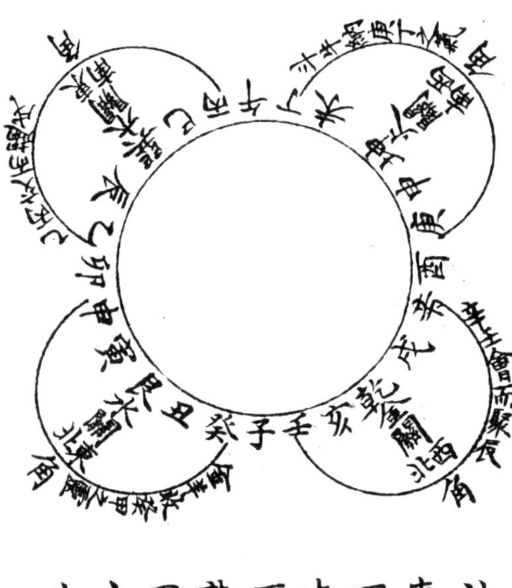

訣云

東北龍交西南墓
西南龍交東北庫
東南龍交西北口
西北龍交墓龍樓
龍不出關關內走
甲庚丙壬本局湊
出關雖有陰陽別
生旺從陽說向頭

東北龍交西南墓者何如亥壬子癸是北方水龍寅甲卯乙巽是東方木龍艮為水之關水之氣至此止木之氣即繼此生如龍從北來至寅甲卯乙巽入首順行氣為左旋為陽作甲木龍論甲木生亥旺卯墓未若龍從東來至亥壬子癸入首逆行氣屬右旋為陰作癸水龍論癸水生卯旺亥墓未癸甲二龍生旺在用若過艮關而結穴其水口係同在西南丁未坤之墓方而去故曰東北龍交西南墓也

西南龍交東北庫者何如申庚酉辛乾屬西方金龍巳丙午丁屬南方火龍坤為火之關火之氣至此止金之氣即繼此生如龍從南來至申庚酉辛乾入首順行氣屬左旋為陽作庚金論庚金生巳旺酉墓丑　若龍從西來至南方巳丙午丁入首逆行氣屬右旋作丁火論丁火生酉旺巳墓丑丁庚二龍生旺互用若過坤關而結穴其水口係在東北癸丑艮方庫墓而去故曰西南龍交東北庫

東南龍交西北口者何寅甲卯乙巽屬東方木龍巳丙午丁屬南方火龍巽為木之關木

之氣至此止火之氣繼此生如龍從東方起來至南方巳丙午丁入首順行氣屬左旋為陽作丙火論丙火生在寅旺午墓戌若龍從南方起來至東寅甲卯乙巽入首逆行氣屬右旋為陰作乙木論乙木生午旺寅墓戌乙丙二龍生旺互用若龍交巽關而結穴其水口係在西辛戌乾方墓地而去故曰東南龍交西北口是也

西北龍交墓龍樓（辰生肖龍水出乙辰巽方故曰墓龍樓）者何申庚酉辛乾屬西方金龍亥壬子癸是北方水龍乾為金之關金之氣至此止水之氣即繼此生如龍從西來至北方亥壬子癸入首順行氣屬左旋為陽作壬水論壬水生申旺子墓辰若龍從北來至申庚酉辛乾入首逆行氣屬右旋為陰作辛金論辛金生子旺申墓辰辛壬二龍生旺互用若交乾關而結穴其水口係在東南乙辰巽方而去故曰西北龍交墓龍樓也

龍不出關關內走甲庚丙壬本局湊者何如亥壬子癸丑艮等龍行度來過艮乾之關係作北方中一股壬水龍壬水生申旺子墓辰本局論寅甲卯乙辰巽之木龍行度未過

艮巽之關係作東方中一股甲木龍甲木亥旺卯墓未本局論　已丙午丁南方火龍行度未過巽坤之關係作南方中一股丙火龍丙火生寅旺午墓戌本局論　甲庚酉辛乾西方金龍行度未過坤乾之關係作西方中一股庚金龍庚金生巳旺酉墓丑本局論故曰龍不出關關内走甲庚丙壬本局湊也

出關雖有陰陽别生旺從陽說向頭者何如東北兩方癸申龍度如龍由癸趨到甲入首左旋作甲木論甲木生亥旺卯墓未順點龍必向右旋癸水生卯旺亥墓未之局夫順點龍即逆點水逆點龍即順點水雖有陰陽順逆之分而生旺之向仍以陰甲木論乾亥則為生向甲卯則為旺向亦未嘗以癸水陰龍以卯而說生向以亥而説旺向故曰出關雖有陰陽别生旺從陽說向頭也

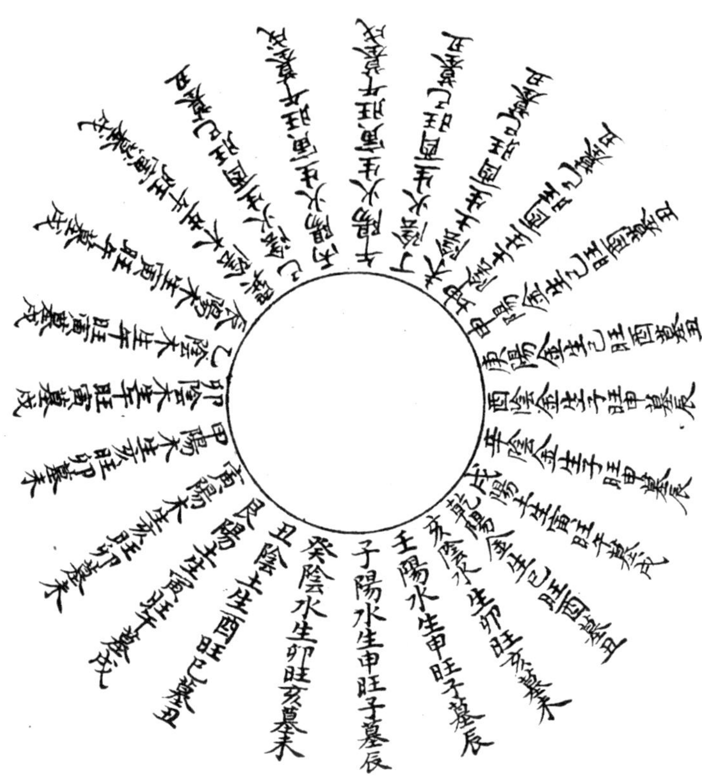

土體分別戌巳陽陰艮辰戌為陽土同戌土之陽付陽火長生居寅坤丑未為陰土同己土之陰付陰火長生居酉此兩說也又統由言之水土長生居申此又一說也故劉伯溫依洪範論丑土龍穴云丑山高未坤水滔滔亥壬拱夾穴建牢丙巽出口產賢豪又謂艮為先天之震

可依洪範而作木又木非土無培故繼之以辰可以辰龍而作木又可以三合坐墓收坤申壬水子會合外纏歸玄武乙辰後去丑土亦可以三合坐墓收庚酉與巽巳水會合纏左歸後玄武癸五方去四局三合坐墓之法同推

入首起特峰不知大龍從那邊來亦可作中一股之龍論

坤土可以三合坐下長生而作水又可繼南方火坐坤向艮兼申寅從向上之艮土而作火又三合只說坤申壬子乙辰水乾亥甲卯丁未水巽巳庚酉癸丑水艮寅丙午辛戌火人但知辰戌丑未付以乙辛丁癸為四庫墓為四局出水之方而不知其可以癸丑作金辛戌作火丁未作木乙辰作水而消納水神如山大龍從東來入首起頂脫落癸龍入穴左右兩邊之水會流從向上丙午方藏形而去此山若坐癸兼子入於水局辰巽之水犯破軍而兼犯八煞若兼丑未入於水局坤庚之水犯祿存而兼犯黃泉即以三合癸丑金之五行作癸丁單向兼丑邊落線乘乙丑金氣坐渾天乙丑金穴收左邊辰巽水上堂而為

生養水收右邊坤庚水上堂而為官旺水從向上丙午方文庫消納水神發巨富巨族支辰戌丑水之土又可為水火金木之用不獨為出水之庫可知天地間土體無乎不在不可執一五行以論之故凡遇土龍入首只看上龍與堂局何如隨時話用使之適從可也

起長生例

長生貪狼吉　沐浴文曲凶　冠帶文曲吉　臨官武曲吉　帝旺武曲吉　衰巨門吉　病廉貞凶

死廉貞凶　墓破軍凶　絶祿存凶　胎祿存吉　養貪狼吉○養生主丁貴之星　衰主壽考之星

臨官帝旺主財丁之星

水局辛金生子　壬水生申　火局乙木生午　丙火生寅　金局丁火生酉　庚金生巳　木局癸水生卯　甲木生亥

金局斗牛納庚丁之氣圖

斗牛者有丑墓也丑生肖牛斗牛二宿居于癸丑之下丑爲金之墓地故曰斗牛納庚丁之氣也

訣

左旋龍穴有五向
絶胎養生沐浴
强左旋龍穴右
旋水右水倒左

定禁局

左旋龍不結墓向云以其丁未龍穴未過坤之火關而穴金龍也水出癸丑以其破火之養地凡立墓向必龍屬右旋有旺龍趨入方可否則認養爲墓縱强爲牽合亦必虧房○單一股龍午龍轉丁入首起頂結穴作子午單向粘甲午金龍出癸吉

立艮寅絶向宜右水倒左出癸但左旋龍穴坐坤向尚未過穴關而穴金仍作火龍之氣論水去癸丑尚屬火之養地故書云看水歸庫從龍定必上有庚酉龍入方爲全吉否則水出辛戌向庫合向成局吉

立甲卯胎向宜左右兩水交來上堂局成富面水去藏形暗流甲方歸左去吉

立乙辰養向宜右水倒左向上養水逆潮歸于絶胎艮甲方去吉

立巽巳生向宜右水倒左向上生水逆潮歸于艮癸墓絶方去吉

立丙午沐浴向宜向上丙午丁四面水潮富聚停蓄歸左邉甲方去吉

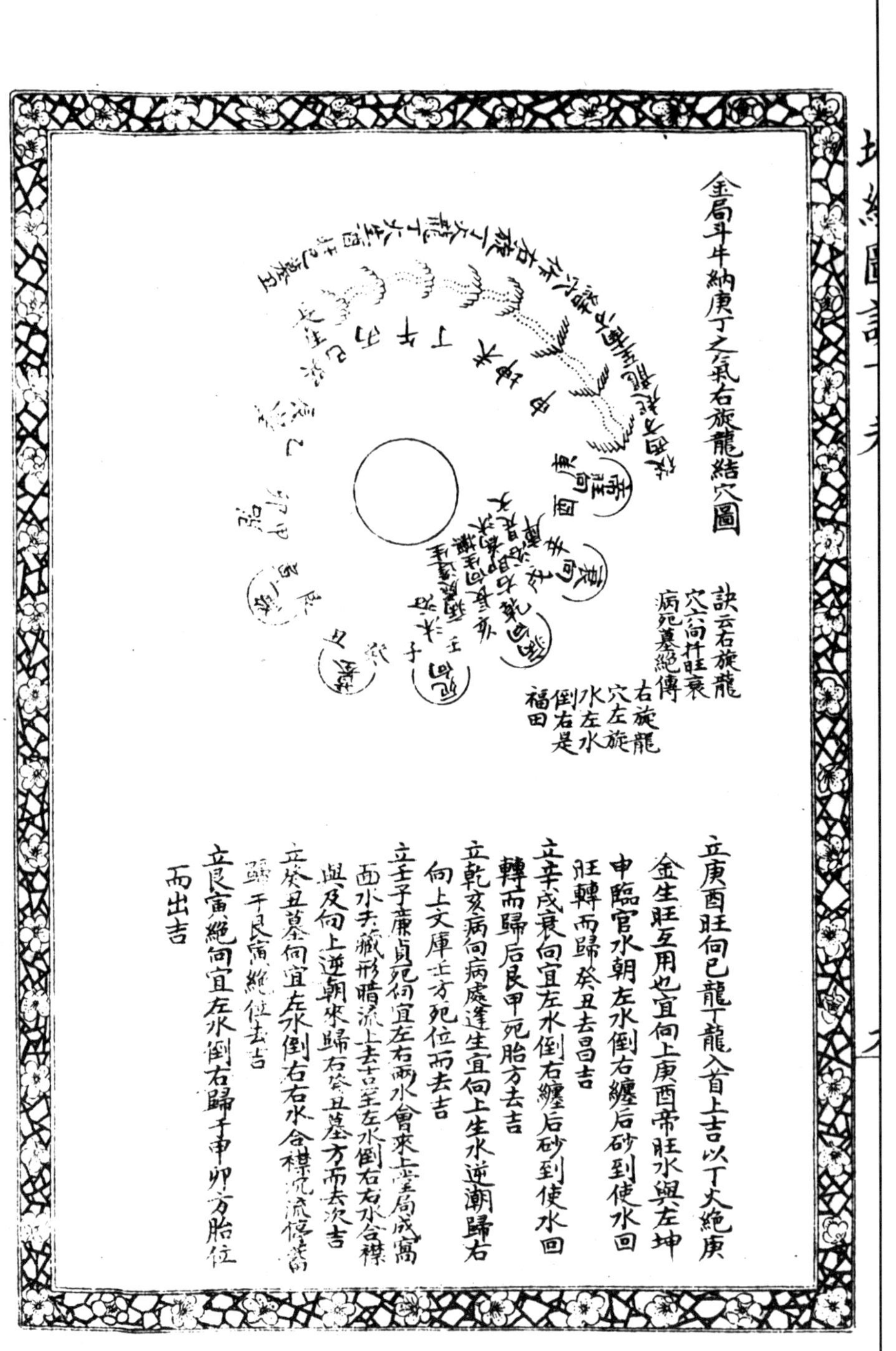
金局斗牛納庚丁之氣右旋龍結穴圖

訣云右旋龍穴六向扦旺衰病死墓絕傳

右旋龍穴左旋水左水倒右是福田

立庚酉旺向巳龍丁龍入首上吉以丁火絕庚金生旺互用也宜向上庚酉帝旺水與左坤申臨官水朝左水倒右纏后砂到使水回旺轉而歸癸丑去昌吉

立辛戌衰向宜左水倒右纏后砂到使水回轉而歸后艮甲死胎方去吉

立乾亥病向病處逢生宜向上生水逆潮歸右向上文庫壬方死位而去吉

立壬子廉貞死向宜左右兩水會來上堂局成窩面水夫藏形晴流上去吉至左水倒右右水合襟與及向上逆朝來歸右癸丑墓方而去次吉

立癸丑墓向宜左水倒右右水合襟沉流停蓄歸于艮寅絕位去吉

立艮寅絕向宜左水倒右歸于申卯方胎位而出吉

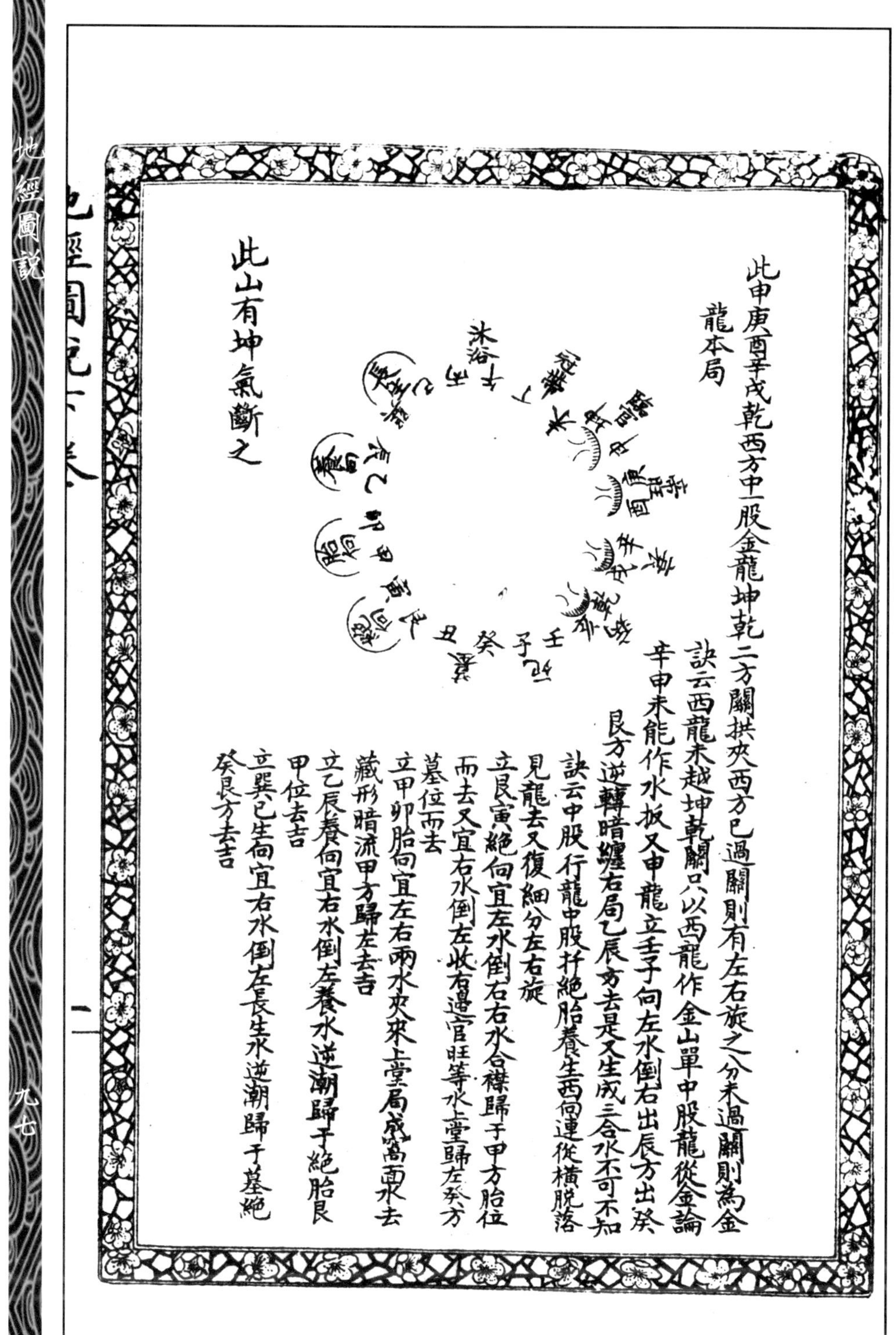

此申庚酉辛戌乾西方中一股金龍坤乾二方關拱夾西方已過關則有左右旋之分未過關則為金龍本局

訣云西龍未越坤乾關只以西龍作金山單中股龍從金論辛申未能作水故又申龍立壬子向左水倒右出辰方出癸艮方逆轉暗纏右局乙辰方去是又生成三合水不可不知

訣云中股行龍中股扦絕胎養生西向連從橫脫落見龍去又復細分左右旋

立艮寅絕向宜左水倒右右水合襟歸于甲方胎位而去又宜右水倒左收有過宫旺等水上堂歸左癸方墓位而去

立甲卯胎向宜左右兩水夾來上堂局成高面水去藏形暗流甲方歸左去吉

立乙辰養向宜右水倒左養水逆潮歸于絕胎艮甲位去吉

立巽巳生向宜右水倒左長生水逆潮歸于墓絕癸艮方去吉

此山有坤氣斷之

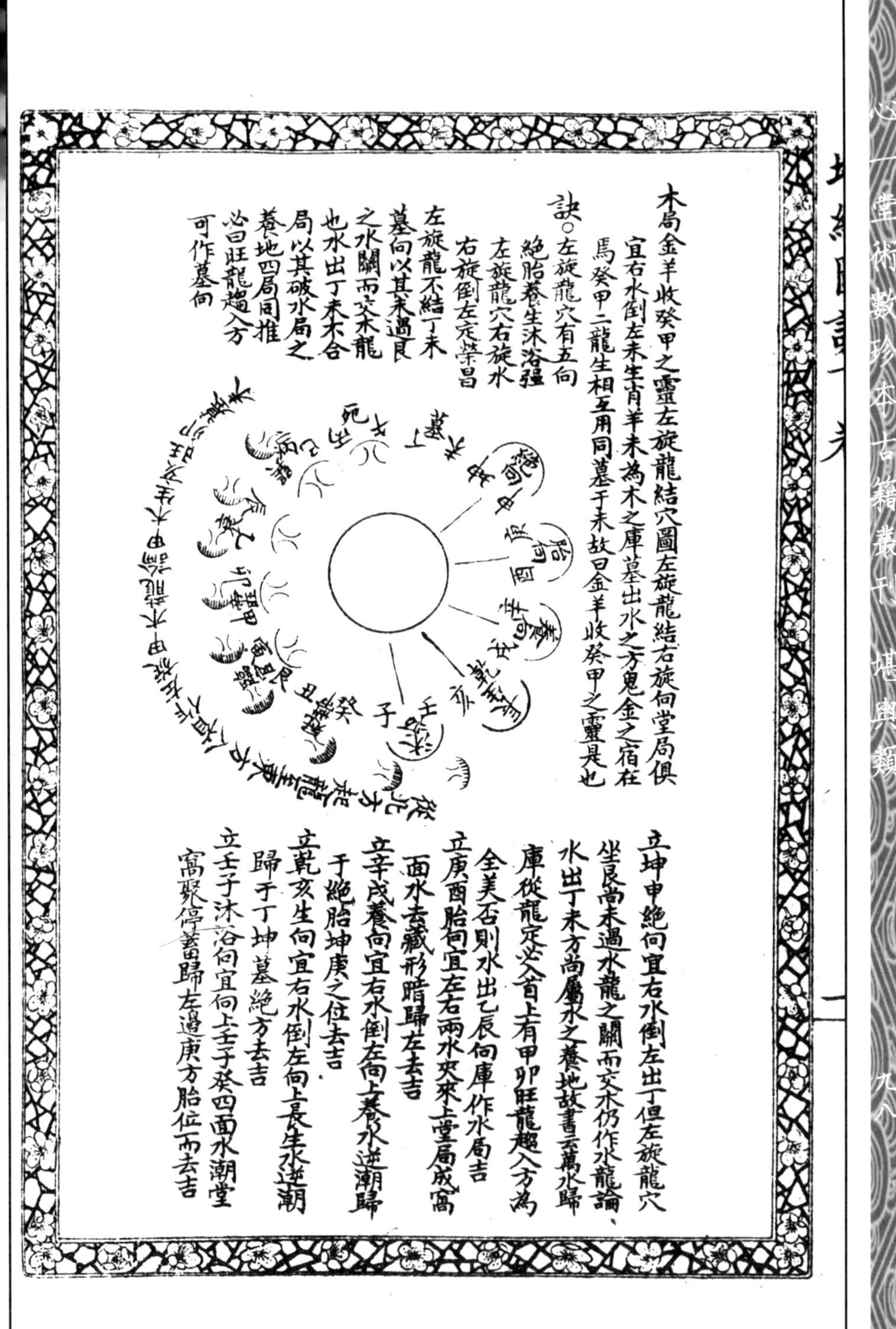

木局金羊收癸甲之靈左旋龍結穴圖左旋龍結右旋向堂局俱宜右水倒左未生亥羊未為木之庫墓出水之方鬼金之宿在馬癸甲二龍生相互用同墓于未故曰金羊收癸甲之靈是也

訣○左旋龍穴有五向
絕胎養生沐浴強
左旋龍穴右旋水
右旋倒左定榮昌

左旋龍不結丁未墓向以其未過艮之水關而交木龍也水出丁未不合局以其破水局之養地四局同推必曰旺龍趨入方可作墓向

立坤申絕向宜右水倒左出丁但左旋龍穴坐艮尚未過水龍之關而交木仍作水龍論水出丁未方尚屬水之養地故書云萬水歸庫從龍定逆入首上有甲卯旺龍趨入方為全美否則水出乙辰向庫作水局吉

立庚酉胎向宜左右兩水夾來上堂局成富面水去藏形暗歸左去吉

立辛戌養向宜右水倒左向上養水逆潮歸于絕胎坤庚之位去吉

立乾亥生向宜右水倒左向上長生水逆潮歸于丁坤墓絕方去吉

立壬子沐浴向宜向上壬子癸四面水潮堂富聚停蓄歸左過庚方胎位而去吉

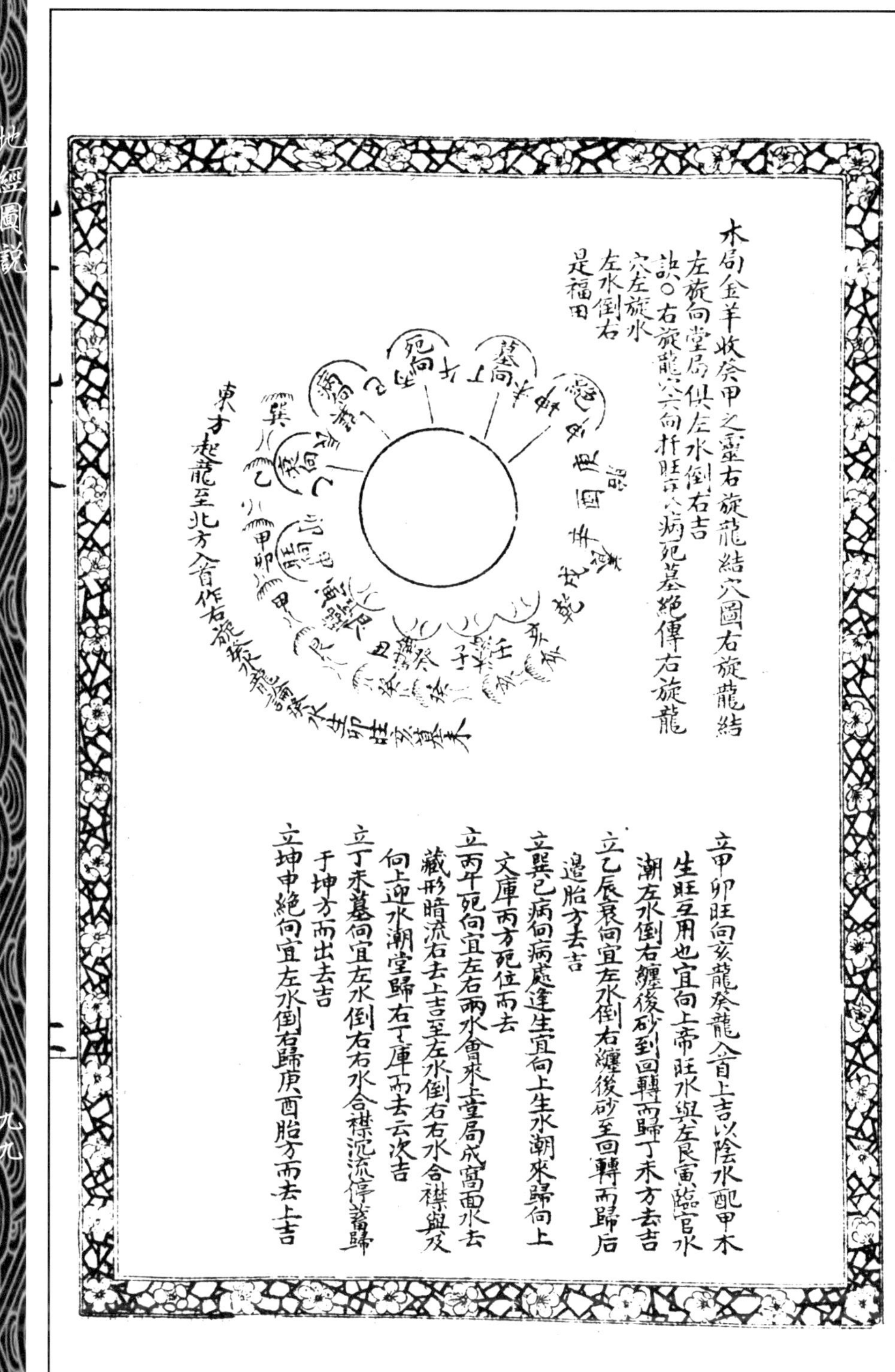

木局金羊收癸甲之靈右旋龍結穴圖右旋龍結

左旋向堂局俱左水倒右吉

訣○右旋龍穴六向折旺言八病死墓絕傳右旋龍

穴左旋水

左水倒右

是福田

立甲卯旺向亥龍癸龍合首上吉以陰水配甲木生旺互用也宜向上帝旺水與左艮寅臨官水潮左水倒右纏後砂到回轉而歸丁未方去吉

立乙辰衰向宜左水倒右纏後砂至回轉而歸后邉胎方去吉

立巽巳病向病處逢生宜向上生水潮來歸向上文庫丙方死位而去

立丙午死向宜左右兩水會來上堂局成富面水去藏形暗流右去上吉至左水倒右右水合襟與及向上迎水潮堂歸右丁庫而去云次吉

立丁未墓向宜左水倒右右水合襟沉流停蓄歸于坤方而出去吉

立坤申絕向宜左水倒右歸庚酉胎方而去上吉

此寅甲卯乙巽中一股木龍艮巽二關拱夾東方已過關則有左右旋之分未過關則為木龍本局併無乙卯陰木便可作火之理也

訣○東龍未越艮巽關口以東木論龍顛單中股龍從木局寅乙卯難作火扳又單申中股龍寅龍立丙午向左水倒右出丁坤方後晴纏右局辛戌方去是又成三合火不可不知四局同推

又訣○中股行龍中股扦絕胎養生四向連從橫脫落見龍去又復細分左右旋

立坤申絕向宜左水倒右右水合襟歸于庚方胎位而去又宜右水倒左收右邊官旺等水上堂歸左丁方墓位而去

立庚酉胎向宜左右兩水夾來上堂局成窩面水去藏形暗流庚方歸左去吉

立辛戌養向宜右水倒左養水逆潮歸于絕胎坤庚方去吉

立乾亥生向宜右水倒左生水逆潮歸于墓絕丁坤方去吉

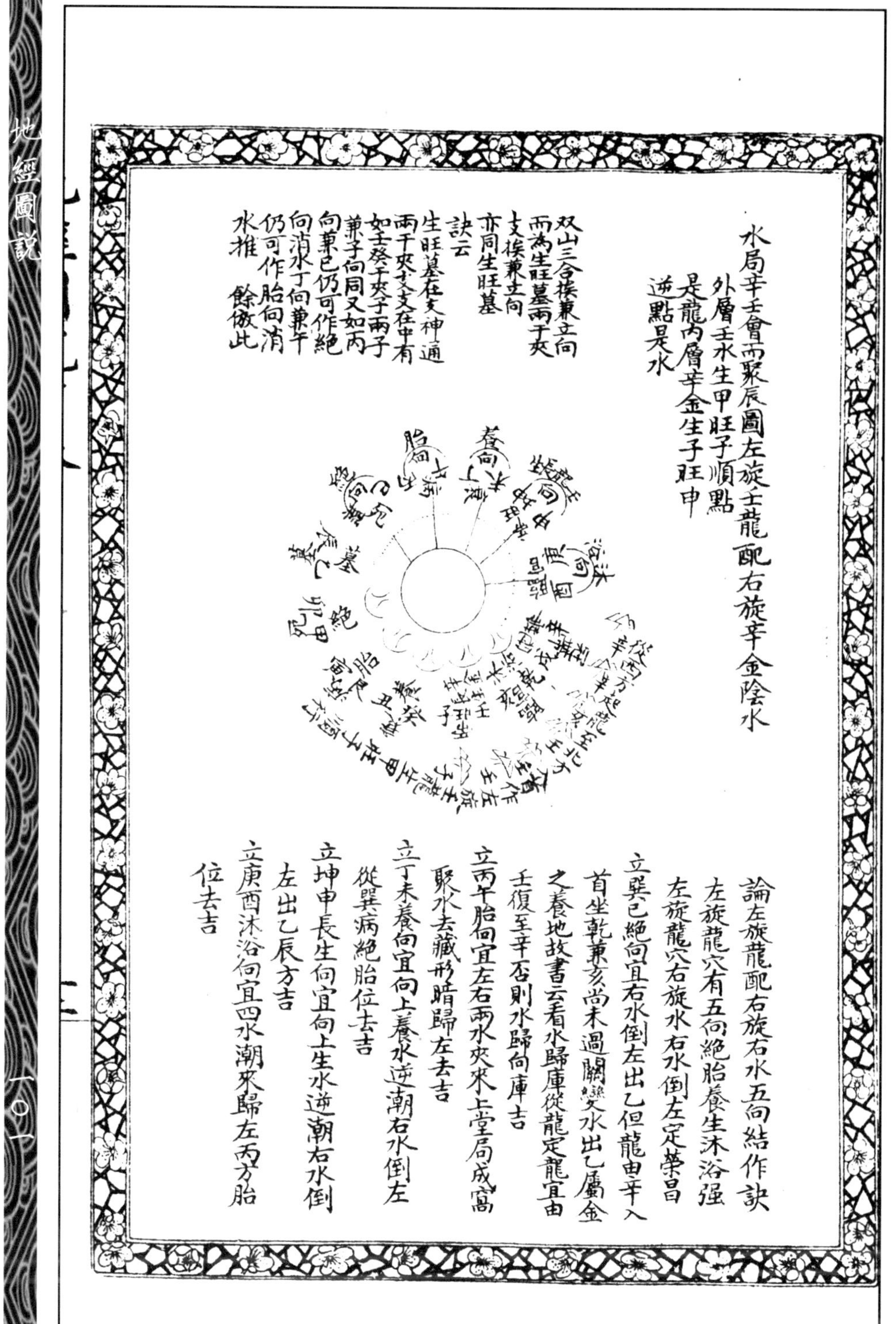

水局辛壬會而聚辰圖左旋壬龍配右旋辛金陰水
外層壬水生甲旺子順點
是龍內層辛金生子旺申
逆點是水

双山三合挨兼立向
而為生旺墓兩干夾
支挨兼立向
亦同生旺墓
訣云
生旺墓在支神通
兩干夾支支在中有
如壬癸干夾子兩子
兼子向同又如丙
向兼巳仍可作絕
向消水丁向兼午
仍可作胎向消
水推　餘倣此

論左旋龍配右旋右水五向結作訣
左旋龍穴有五向絕胎養生沐浴强
左旋龍穴右旋水右水倒左定榮昌
立巽巳絕向宜右水倒左出乙但龍由辛入
首坐乾兼亥尚未過關變水出乙屬金
之養地故書云看水歸庫從龍定龍宜由
壬復至辛否則水歸向庫吉
立丙午胎向宜左右兩水夾來上堂局成富
聚水去藏形晴歸左去吉
立丁未養向宜向上養水逆潮右水倒左
從巽病絕胎位去吉
立坤申長生向宜向上生水逆潮右水倒
左出乙辰方吉
立庚酉沐浴向宜四水潮來歸左丙方胎
位去吉

水局辛壬會而聚辰龍由北來轉西作右旋除金辛龍配左旋壬之陽水內層辛金生子旺申逆轉是龍外層壬水生申旺子順點是水所謂順點龍則逆點水

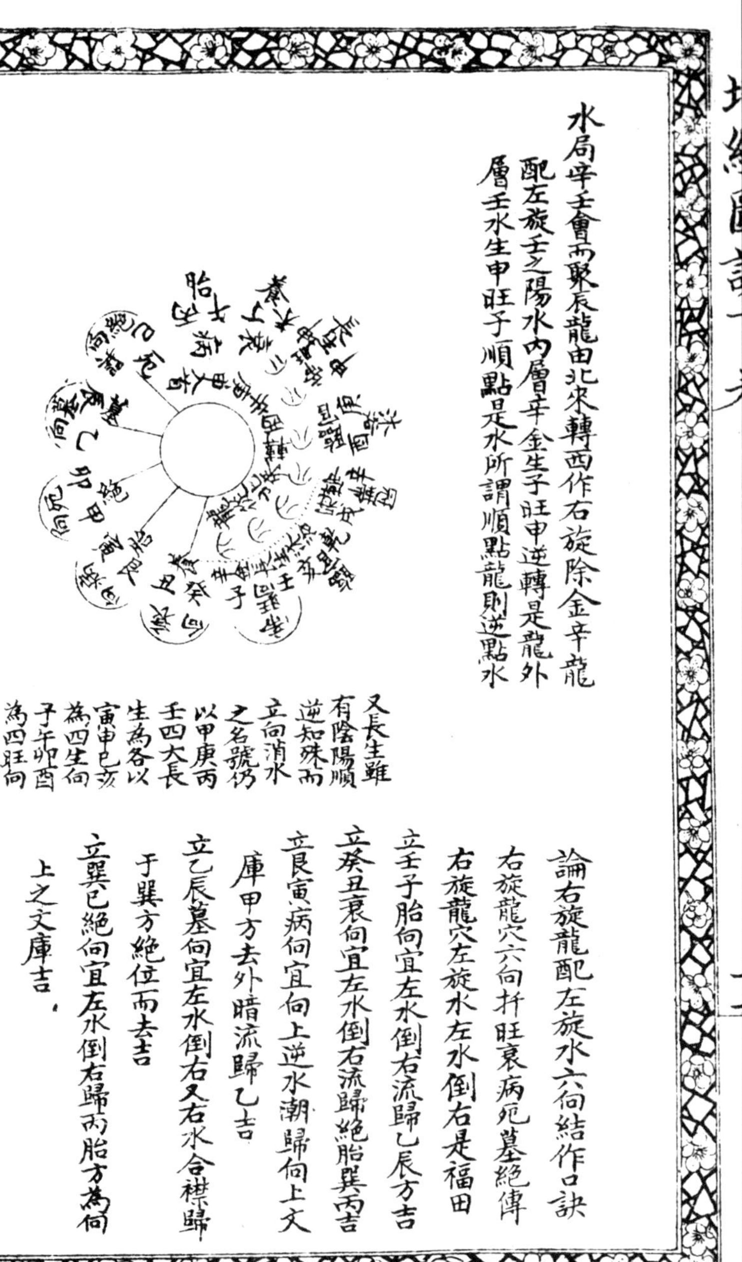

又長生雖有陰陽順逆知殊而立向消水之名號仍以甲庚丙壬四大長生為各以寅申巳亥為四生向子午卯酉為四旺向也

論右旋龍配左旋水六向結作口訣

右旋龍穴六向折旺衰病死墓絕傳

右旋龍穴左旋水左水倒右是福田

立壬子胎向宜左水倒右流歸乙辰方吉

立癸丑衰向宜左水倒右流歸絕胎巽丙吉

立艮寅病向宜向上逆水潮歸向上文庫甲方去外晴流歸乙吉

立乙辰墓向宜左水倒右又右水合襟歸于巽方絕位而去吉

立巽巳絕向宜左水倒右歸丙胎方為向上之文庫吉

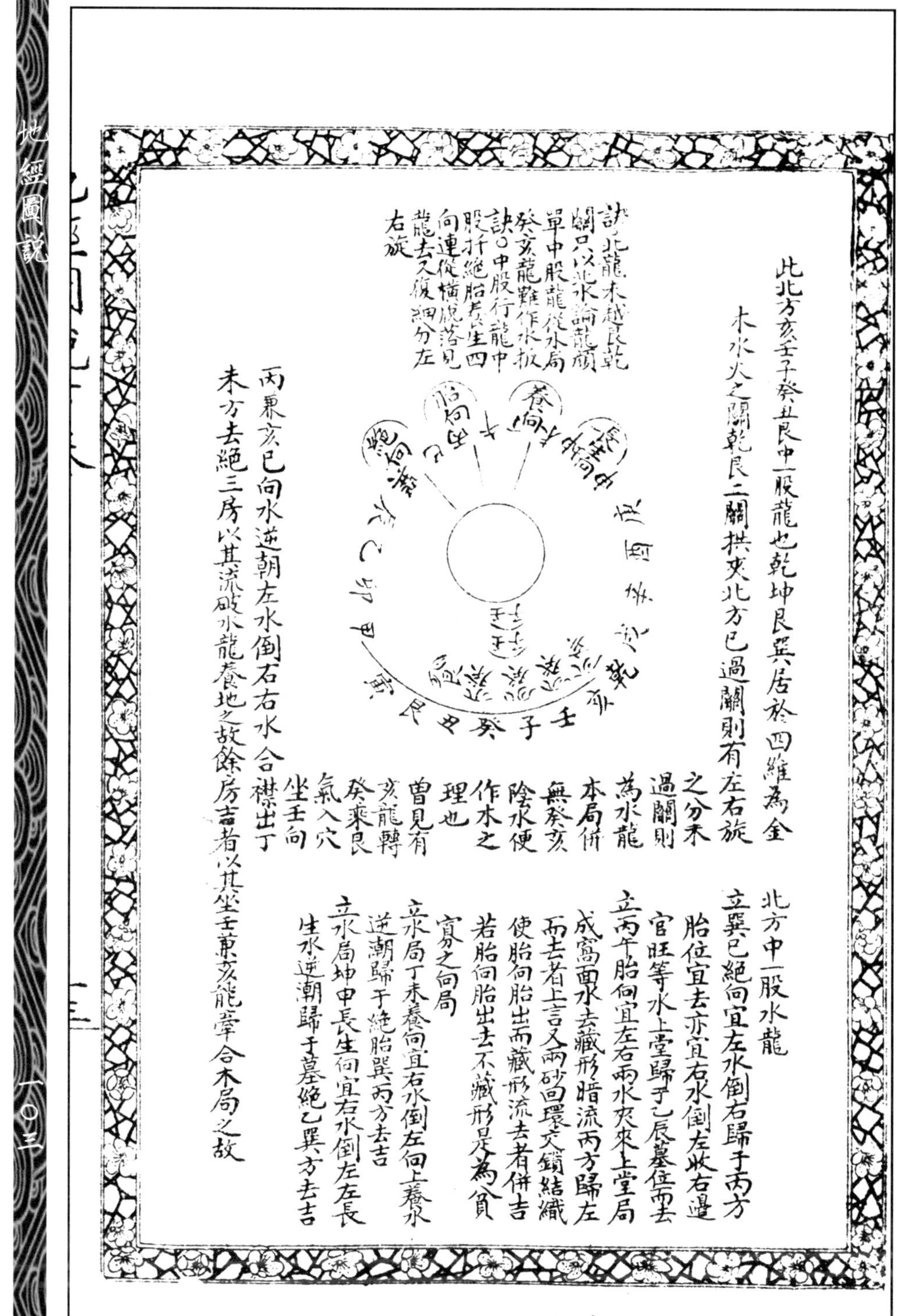

此北方亥壬子癸丑艮中一股龍也乾坤艮巽居於四維為金木水火之關乾艮二關拱夾北方已過關則有左右旋之分未過關則為水龍本局併無癸亥陰水便作木之理也曾見有亥龍轉癸乘艮氣入穴坐壬向丙兼亥巳向水逆朝左水倒右右水合襟出丁未方去絕三房以其流破水龍養地之故餘房吉者以其坐壬兼亥龍乘合木局之故

訣北龍未越艮乾關口以水論龍顧單中股龍從水局癸亥龍雖作水放訣〇中股行龍中股折絕胎養生四向連從橫脫落見龍去又復細分左右旋

北方中一股水龍

立巽巳絕向宜左水倒右歸于丙方胎位宜去亦宜右水倒左收右邊官旺等水上堂歸于乙辰墓位而去

立丙午胎向宜左右兩水夾來上堂局成寫面水去藏形暗流丙方歸左而去者上言又兩砂回環交鎖結織使胎向胎出而藏形流去者併吉若胎向胎出去不藏形是為貧寡之向局

立未局丁未養向宜右水倒左向上養水逆潮歸于絕胎巽丙方去吉

立水局坤申長生向宜右水倒左左長生水逆潮歸于墓絕乙巽方去吉

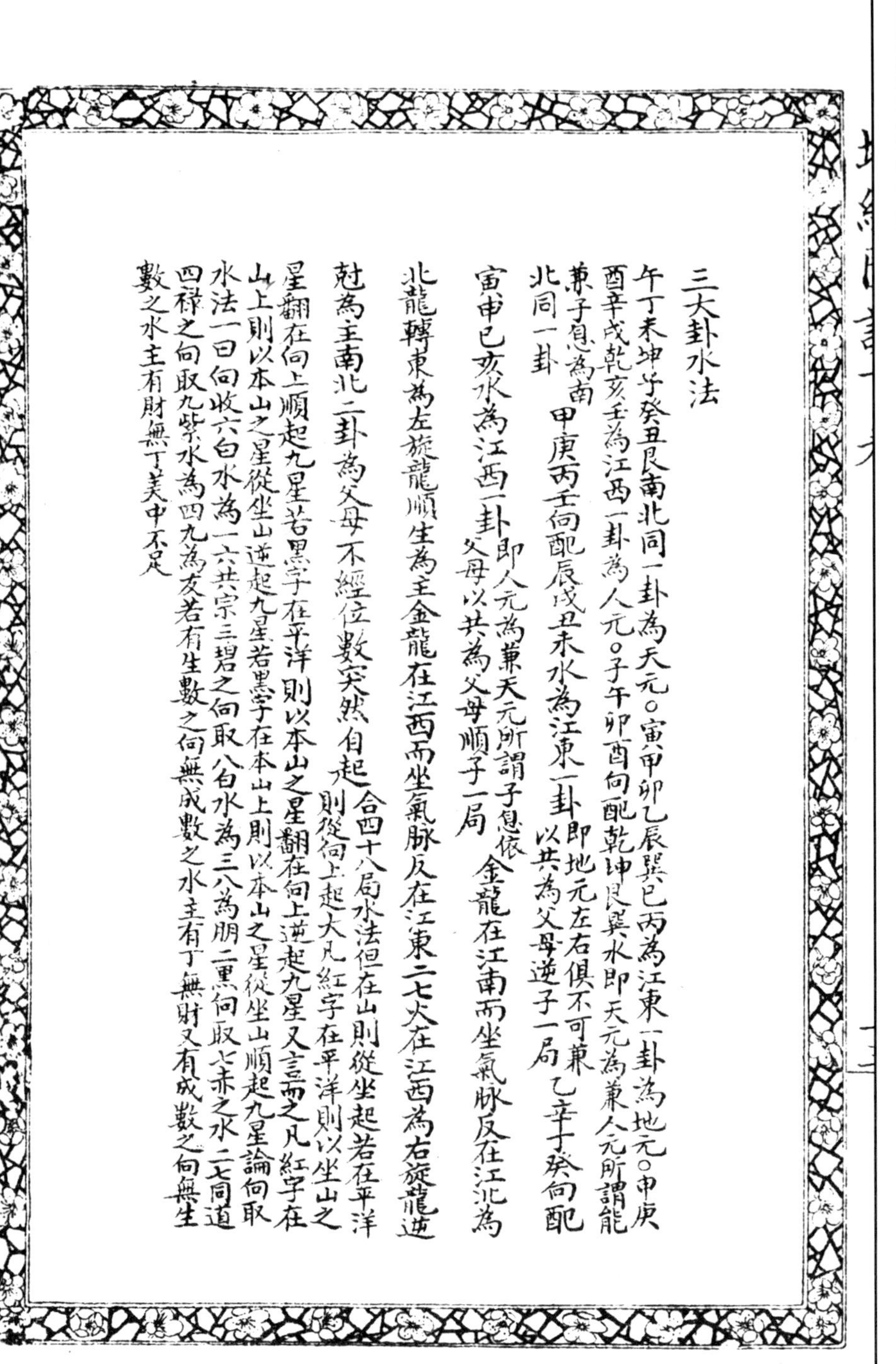

三大卦水法

午丁未坤子癸丑艮南北同一卦為天元○寅甲卯乙辰巽巳丙為江東一卦為地元○申庚酉辛戌乾亥壬為江西一卦為人元○子午卯酉向配乾坤艮巽水即天元為兼人元所謂能兼子息為南北同一卦　甲庚丙壬向配辰戌丑未水為江東一卦即地元左右俱不可兼以共為父母逆子一局　乙辛丁癸向配寅申巳亥水為江西一卦即人元為兼天元所謂子息依父母以共為父母順子一局　金龍在江南而坐氣脈反在江北為北龍轉東為左旋龍順生為主金龍在江西而坐氣脈反在江東二七火在江西為右旋龍逆尅為主南北二卦為父母不經位數突然自起合四十八局水法但在山則從坐起若在平洋則從向上起大凡紅字在平洋則以坐山之星翻在向上順起九星若黑字在平洋則以本山之星翻在向上逆起九星又言而之凡紅字在山上則以本山之星從坐山逆起九星若黑字在本山上則以本山之星從坐山順起九星論向取水法一曰向收六白水為一六共宗三碧之向取八白水為三八為朋二黑向取七赤之水二七同道四祿之向取九紫水為四九為友若有生數之向無成數之水主有丁無財又有成數之向無生數之水主有財無丁美中不足

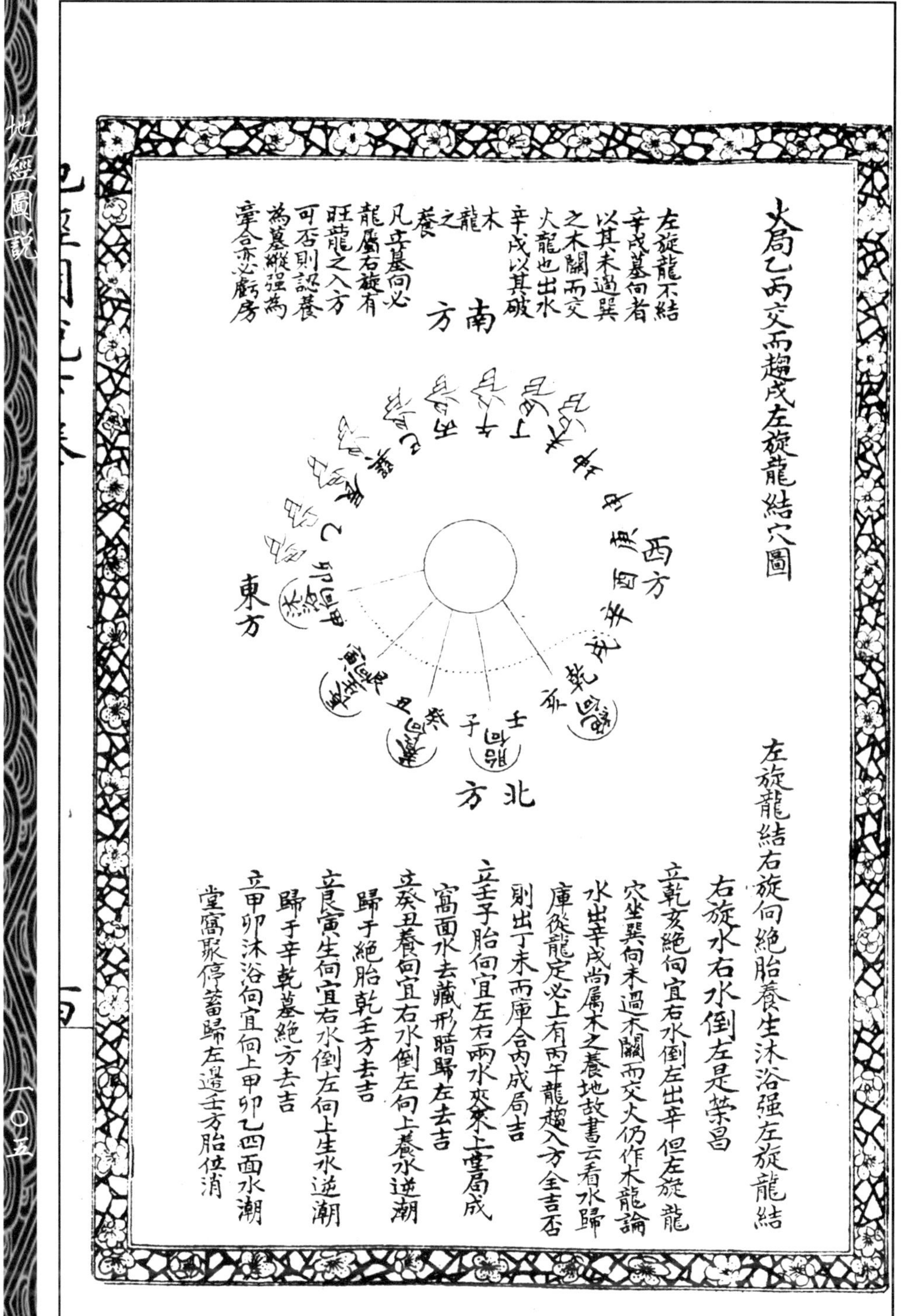

火局乙丙交而趨戌左旋龍結穴圖

左旋龍不結立戌墓向者以其未過巽之木關丙交火龍也出水辛戌以其破木龍之養

凡立墓向必龍屬右旋有旺龍之入方可否則認養為墓縱强為章合亦必虧房

左旋龍結右旋向絕胎養生沐浴强左旋龍結

右旋水右水倒左是榮昌

立乾亥絕向宜右水倒左出辛但左旋龍穴坐巽向未過木關而交火仍作木龍論水出辛戌尚屬木之養地故書云看水歸庫從龍定必上有丙午龍趨入方全吉否則出丁未丙庫合丙戌局吉

立壬子胎向宜左右兩水交聚于堂局成窩面水去藏形暗歸左去吉

立癸丑養向宜右水倒左向上養水逆潮歸于絕胎乾壬方去吉

立艮寅生向宜右水倒左向上生水逆潮歸于辛乾墓絕方去吉

立甲卯沐浴向宜向上甲卯乙四面水潮堂窩聚停蓄歸左邊壬方胎位消

火局乙丙交而趨戌右旋龍結穴圖○訣右旋龍穴穴向扦旺衰病死墓絕傳右旋龍穴左旋水左水倒右是去昌

立丙午旺向寅龍乙龍入首上吉以乙木配丙火生旺互用也宜向上帝旺水與右巽巳已臨官水朝左水倒右纏右砂到水曲轉回為辛戌方去吉

立丁未衰向宜左旋倒右纏后砂到使水回轉而歸后絕胎方去吉

立坤申病向病處逢生宜向上生水朝來歸右向上文庫庚方死位而去吉

立庚酉廉貞死向宜左右兩水會來堂局成富而水去藏形暗流右去上吉至左水倒右右水合襟與及向上逆水潮堂歸右辛庫而去次吉

立辛戌墓向宜左水倒右右水合襟沉流停蓄歸于乾位去上吉

立乾亥絕向宜左水倒右歸壬子胎位而去吉

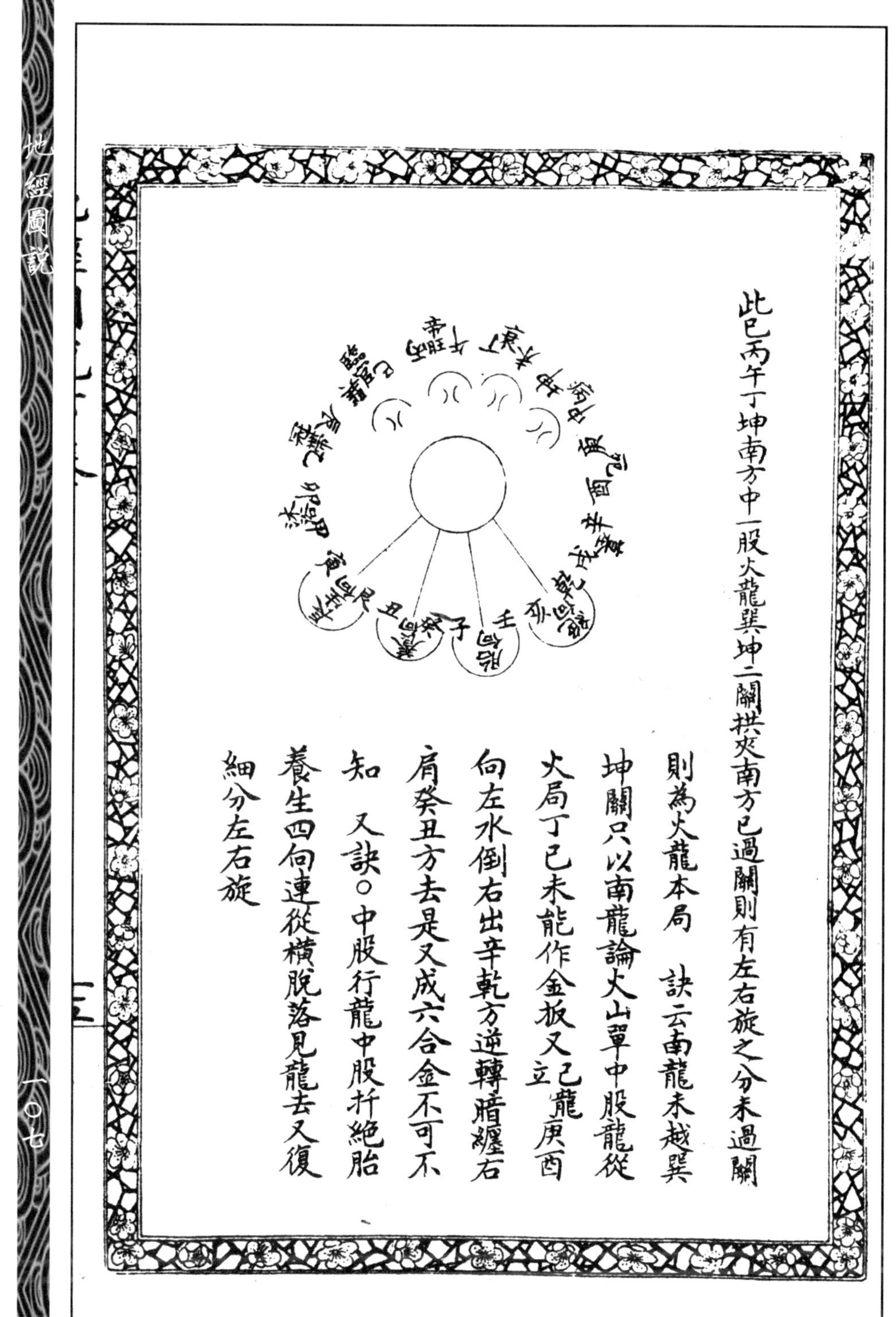

此巳丙午丁坤南方中一股火龍巽坤二關拱夾南方巳過關則有左右旋之分未過關則為火龍本局　訣云南龍未越巽坤關只以南龍論火山單中股龍從火局丁巳未能作金旅又立巳龍庚酉向左水倒右出辛乾方逆轉脂纒右肩癸丑方去是又成六合金不可不知　又訣○中股行龍中股折絕胎養生四向連從橫脫落見龍去又復細分左右旋

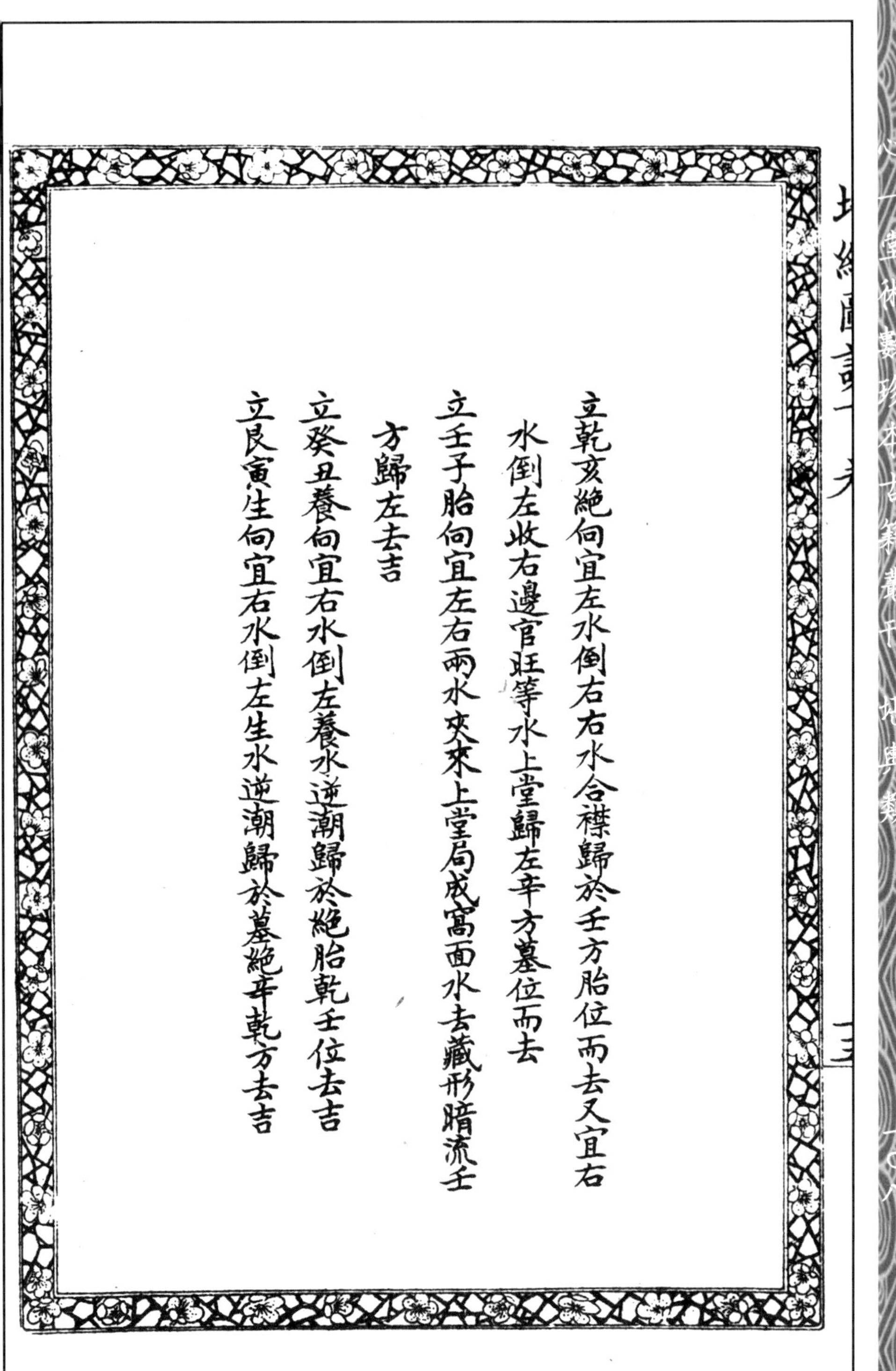

立乾亥絕向宜左水倒右右水合襟歸於壬方胎位而去又宜右水倒左收右邊官旺等水上堂歸左辛方墓位而去

立壬子胎向宜左右兩水夾來上堂局成窩面水去藏形暗流壬方歸左去吉

立癸丑養向宜右水倒左養水逆潮歸於絕胎乾壬位去吉

立艮寅生向宜右水倒左生水逆潮歸於墓絕辛乾方去吉

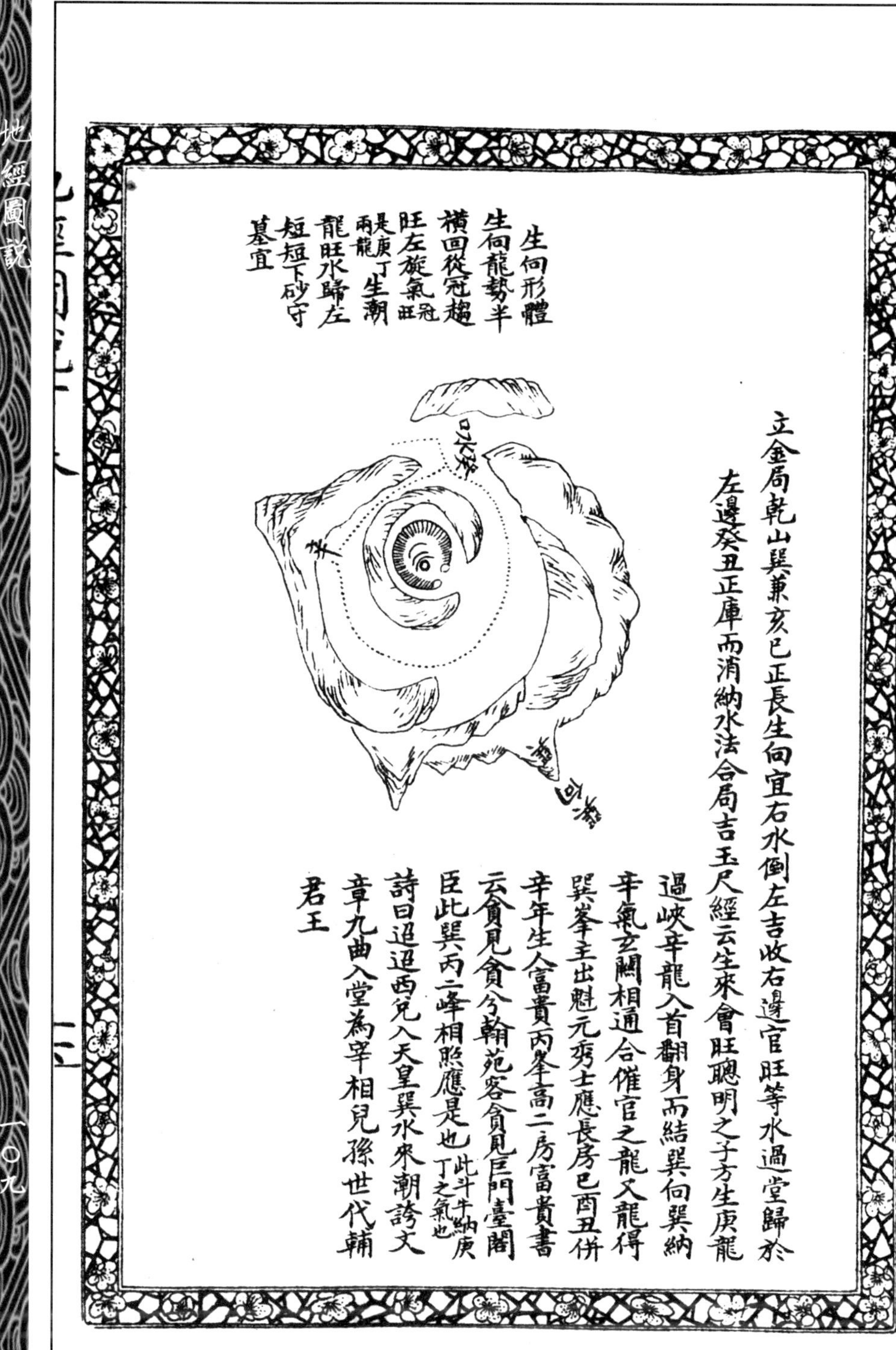

立金局乾山巽兼亥巳正長生向宜右水倒左吉收右邊官旺等水過堂歸於
左邊癸丑正庫而消納水法合局吉玉尺經云生來會旺聰明之子方生庚龍

生向形體
生向龍勢半
橫回從冠趨
旺左旋氣冠旺
是庚丁兩龍生潮
龍旺水歸左
短短下砂守
墓宜

過峽辛龍入首翻身而結巽向巽納
辛氣玄關相通合催官之龍又龍得
巽峯主出魁元秀士應長房巳酉丑併
辛年生人富貴丙峯高二房富貴書
云貪見貪兮翰苑客貪見巨門臺閣
臣此巽丙二峯相照應是也此斗牛納庚丁之氣也
詩曰迢迢西兌入天皇巽水來朝誇文
章九曲入堂為宰相兒孫世代輔
君王

詩曰○貪狼到向拱穴來後有坤龍寶肩開重重倉庫迎生氣人丁千百有餘財

養向龍來半橫縱從冠趨旺養堪從冠旺是丁庚丙龍養迎官旺水歸左後砂纏到絕胎工

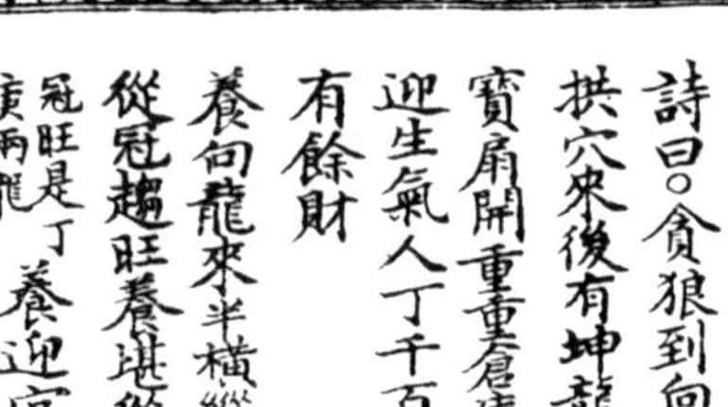

入首坐辛向乙兼戌辰穴前右水倒左出甲坐向向上之養水只宜橫過之說亦不太泥

立金局乙辰正養向宜右水倒左吉收右邊生旺等水到堂從左邊艮位而出後歸癸丑正庫消納合局吉蓋由艮歸癸出正庫方此乃祿馬流歸御街去一舉成名姓氏揚此神龍左旋入首立乙辰向三合拱向也又宜庚酉旺龍趨入吉宜收右邊養水過堂但此水只宜橫過不宜逆潮一見逆潮凶蓋以乙辰養水爲生辛山家之庫墓也○曾見此坐向西方來龍轉坤入首穴坐戌向辰兼辛乙六十龍庚戌坐穴配金局養向消納水神內堂右水倒左出甲胎位養局乙辰向上大河水逆潮發巨富巨族奕世科甲不替此余家太祖坟又見酉龍向上乙辰水逆潮亦發福不替羅氏謂此

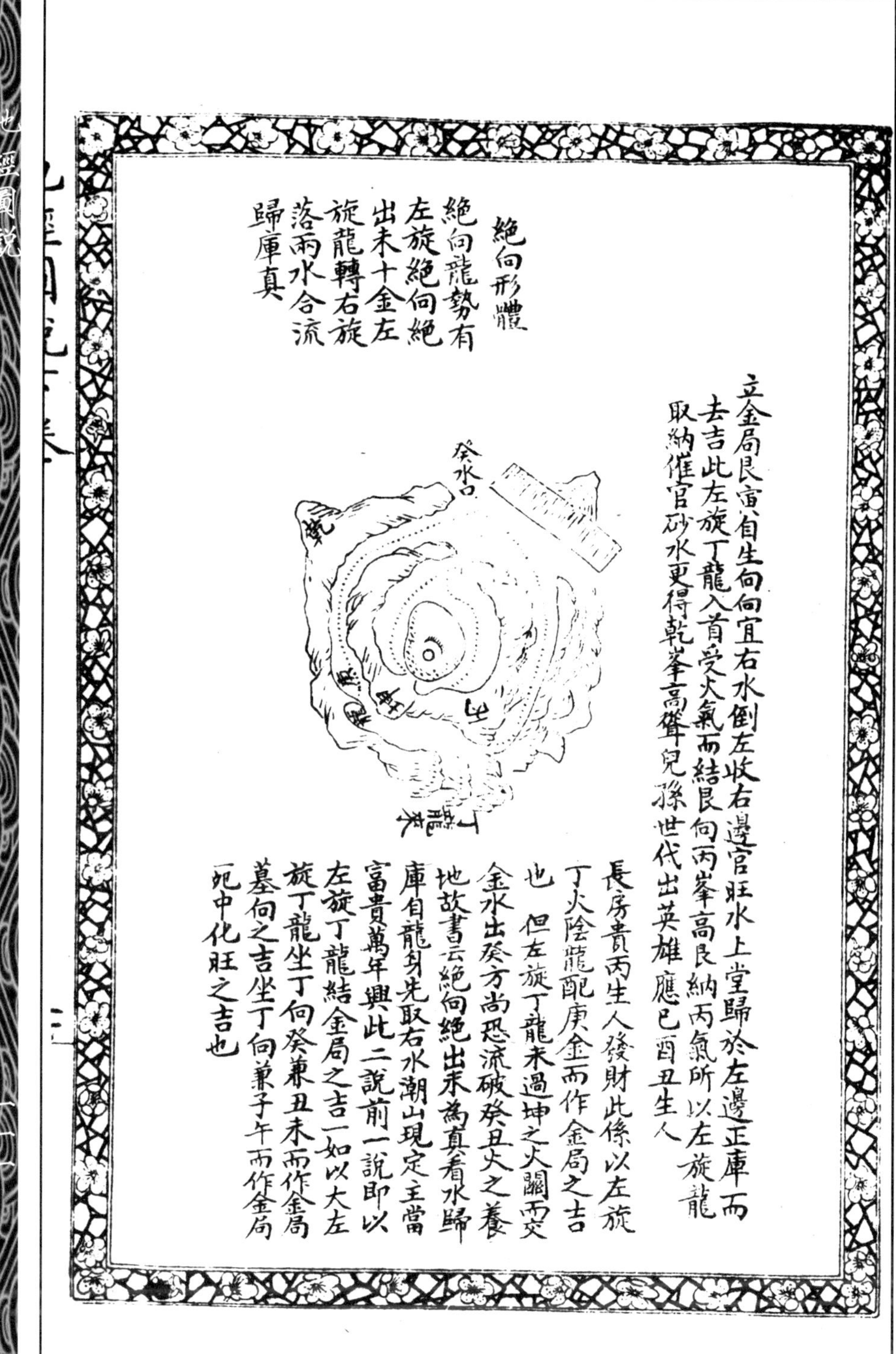

絕向形體

絕向龍勢有左旋絕向絕出未十金左旋龍轉右旋落丙水合流歸庫真

立金局艮寅自生向向宜右水倒左收右邊官旺水上堂歸於左邊正庫而去吉此左旋丁龍入首受火氣而結艮向丙峯高艮納丙氣所以左旋龍取納催官砂水更得乾峯高聳兒孫世代出英雄應巳酉丑生人

長房貴丙生人發財此係以左旋丁火陰龍配庚金而作金局之吉也 但左旋丁龍來過坤之火關而交金水出癸方尚恐流破癸丑火之養地故書云絕向絕出未為真看水歸庫自龍身先取右水潮山現定主當富貴萬年興此二說前一說即以左旋丁龍結金局之吉一如以大左旋丁龍坐丁向癸兼丑未而作金局墓向之吉坐丁向兼子午而作金局死中化旺之吉也

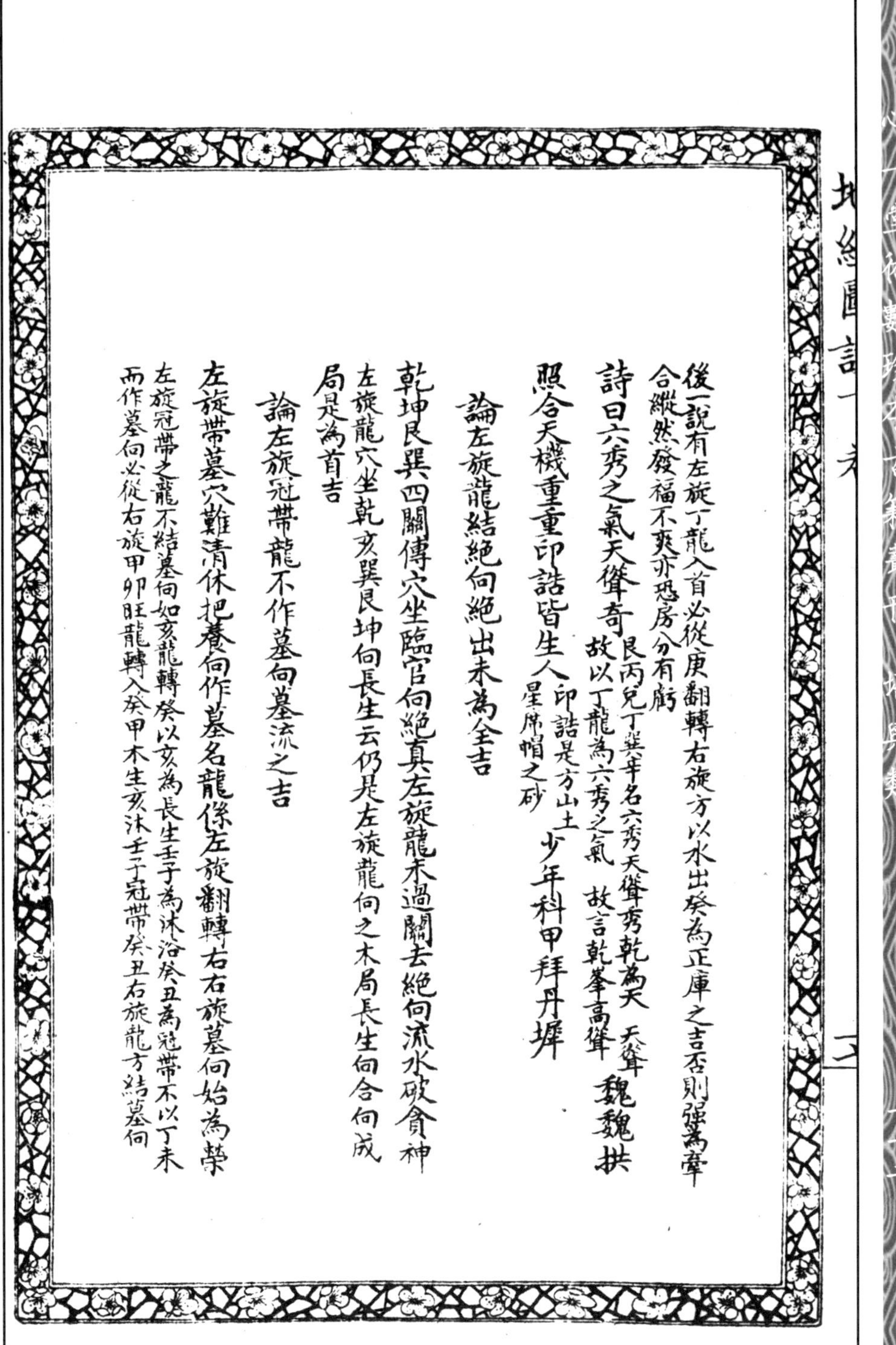

後一說有左旋丁龍入首必從庚翻轉右旋方以水出癸為正庫之吉否則强為牽合縱然發福不爽亦恐房分有虧

詩曰六秀之氣天聳奇艮丙兌丁巽辛名六秀故以丁龍為六秀之氣天聳秀乾為天故言乾峯高聳天聳巍巍拱照合天機重重印誥皆生人印誥是方山土星席帽之砂少年科甲拜丹墀

論左旋龍結絕向絕出未為全吉

乾坤艮巽四關傳穴坐臨官向絕真左旋龍未過關去絕向流水破貪神

左旋龍穴坐乾亥巽艮坤向長生云仍是左旋龍向之木局長生向合向成局是為首吉

論左旋冠帶龍不作墓向墓流之吉

左旋帶墓穴難清休把養向作墓名龍係左旋翻轉右右旋墓向始為榮

左旋冠帶之龍不結墓向如亥龍轉癸以亥為長生壬子為沐浴癸丑為冠帶不以丁未而作墓向必從右旋甲卯旺龍轉入癸甲木生亥沐壬子冠帶癸丑右旋龍方結墓向

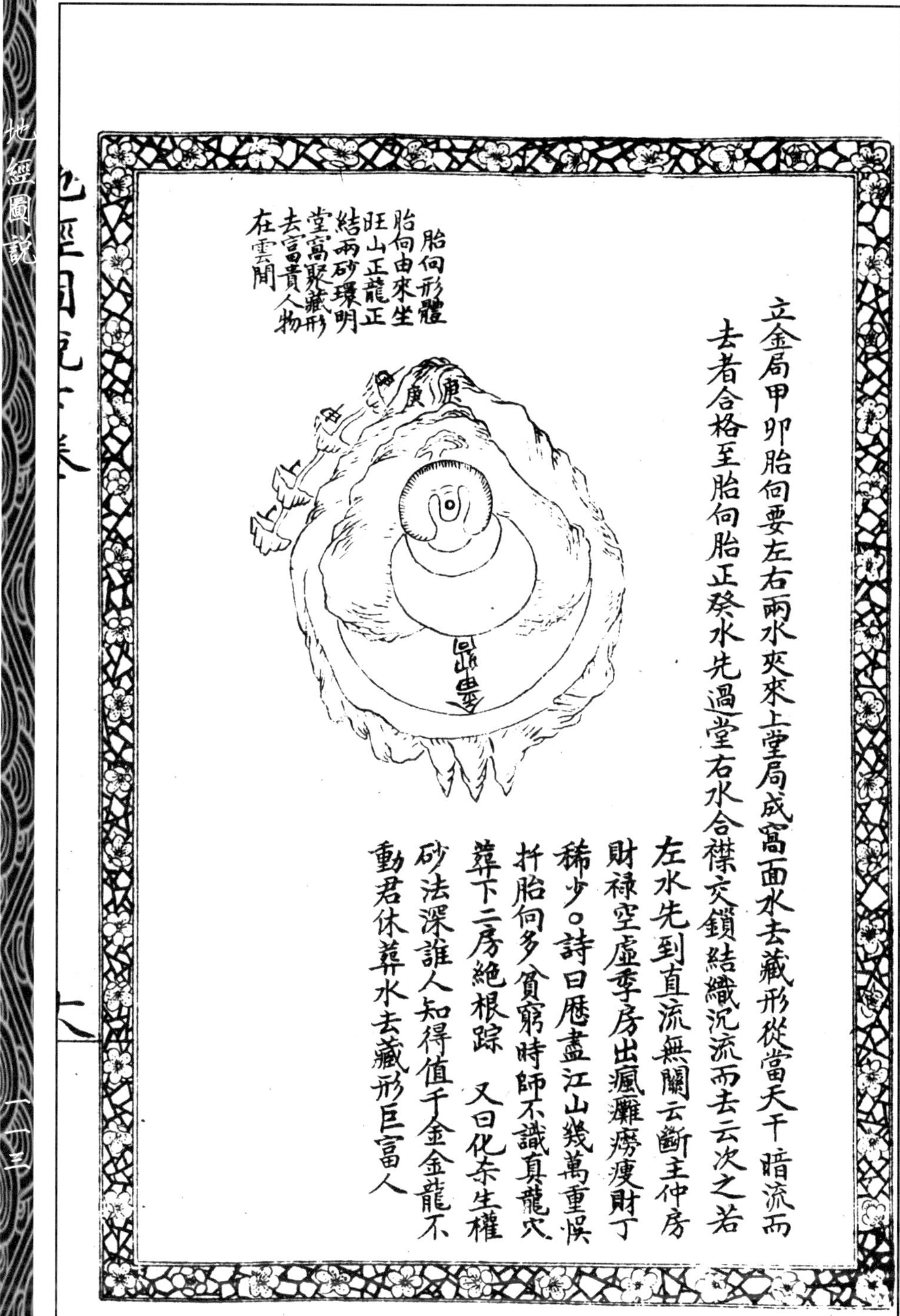

立金局甲卯胎向要左右兩水夾來上堂局成窩面水去藏形從當天干暗流而去者合格至胎向胎正癸水先過堂右水合襟交鎖結織沉流而去云次之若左水先到直流無關云斷主仲房財祿空虛季房出瘋癱癆瘦財丁稀少。詩曰歷盡江山幾萬重娛扦胎向多貧窮時師不識真龍穴葬下二房絕根踪　又曰化杀生權砂法深誰人知得值千金金龍不動君休葬水去藏形巨富人

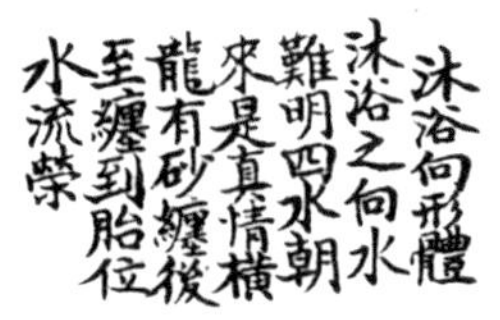
沐浴向形體
沐浴之向水
難明四水朝
來是真情橫
龍有砂纏後
至纏到胎位
水流榮

大龍南來轉西乾龍入首

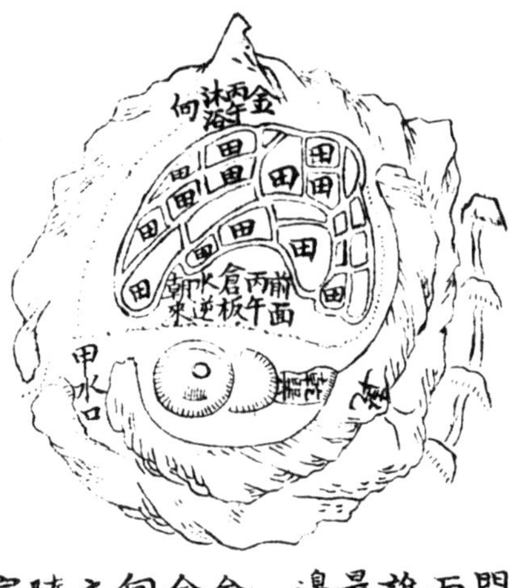

立金局沐浴借丙午旺向書云沐浴須從向浴消丙火生寅甲為向上之沐浴取水口出甲以消納水神合局收前面旺水逆來又收於左邊巨右邊巨門水逆來又收金局官旺水逆來收於左邊甲位而去　詩曰乾亥龍樓擁座前豈起正穴福綿綿誰能解此從旺向葬下烟霞紫氣妍此龍此局最難得云惟此纏向一砂龍轉逆必有此砂後邊云水會流到甲方是真結否則勿亂輕扦死與沐浴相對穴坐死地其向方是沐浴如金局大龍從南走西至乾入首龍屬左旋作庚金論庚金生巳旺酉死於壬子金死子子投入向上丙子午為火胎於陽子之胎出丑沐浴而逢火之旺地故左旋金龍回向丙午得向上丙午丁水逆朝隨龍有後砂逆纏至甲位水口水神合法多發巨富巨族○以上生養絕胎沐浴五向左旋龍收右邊水過堂歸於左邊而去○以下衰病死墓絕六向俱右旋龍收左邊水過堂歸於右邊而去

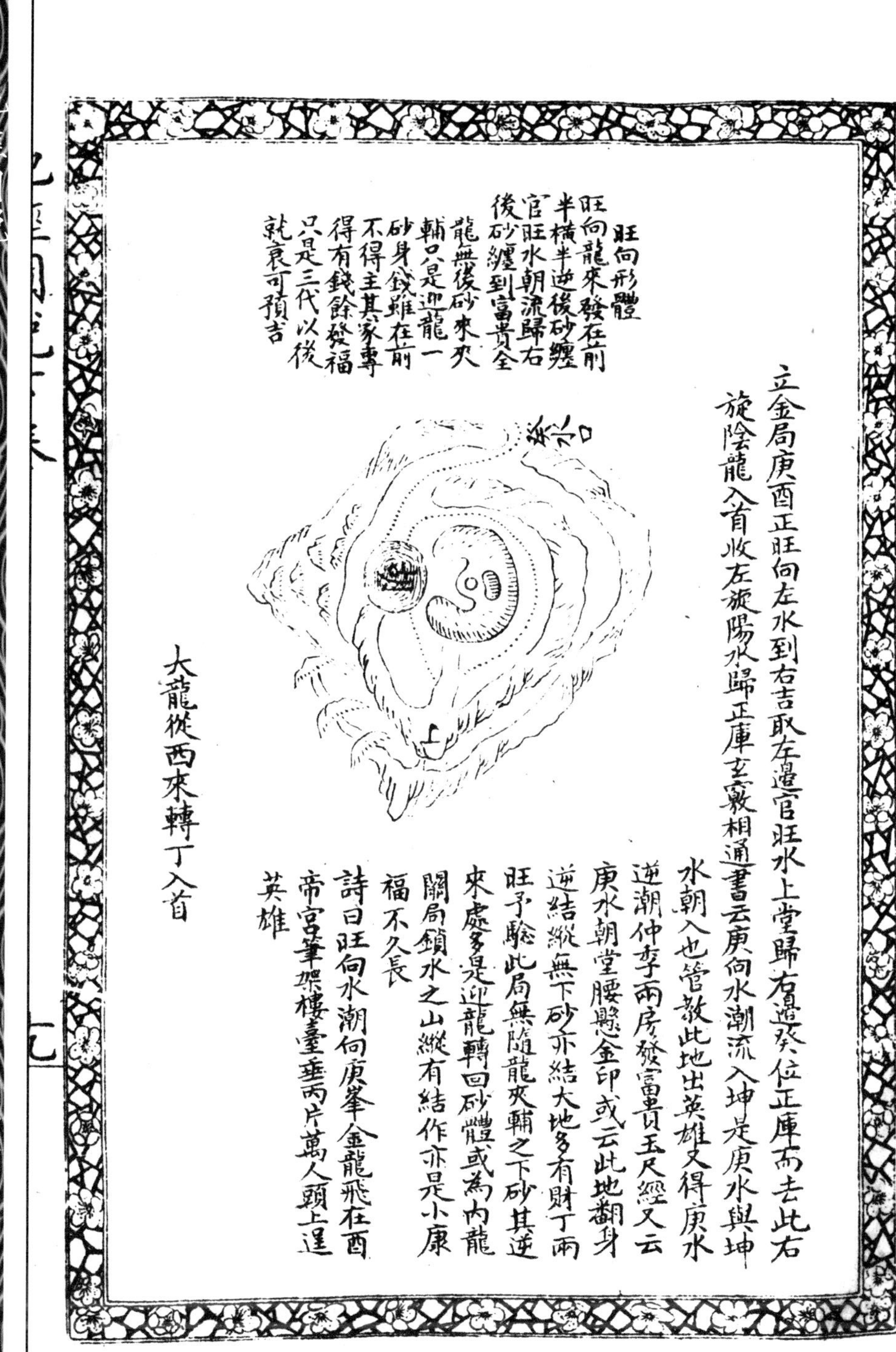

立金局庚酉正旺向左水到右吉取左邉官旺水上堂歸右邉癸位正庫而去此右旋陰龍入首收左旋陽水歸正庫玄竅相通書云庚向水潮流入坤是庚水與坤水朝入也管教此地出英雄又得庚水逆潮仲季兩房發富貴玉尺經又云庚水朝堂腰懸金印或云此地翻身逆結縱無下砂亦結大地多有財丁兩旺予驗此局無隨龍夾輔之下砂其逆來處多是迎龍轉回砂體或為内龍關局鎖水之山縱有結作亦是小康福不久長

詩曰旺向水潮向庚峯金龍飛在酉帝宮筆架樓臺垂兩片萬人頭上逞英雄

旺向形體

旺向龍來發在前
半橫半逆後砂纏
官旺水朝流歸右
後砂纏到富貴全

龍無後砂來夾輔只是迎龍一砂身錢雖在前不得主其家專得有錢餘發福只是三代以後就衰可預言

大龍從西來轉丁入首

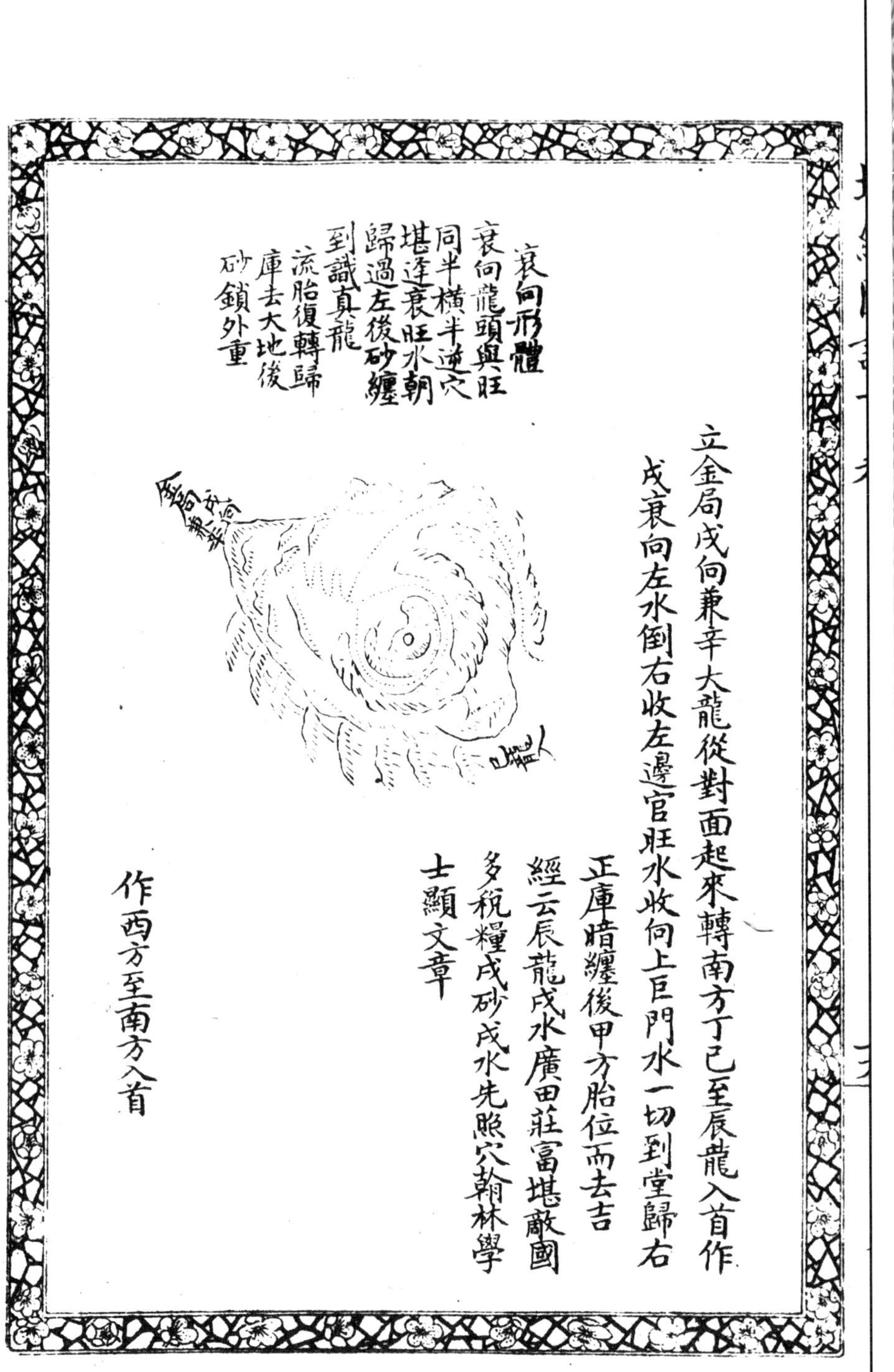

立金局戌向兼辛大龍從對面起來轉南方丁巳至辰龍入首作戌衰向左水倒右收左邊官旺水收向上巨門水一切到堂歸右正庫暗纏後甲方胎位而去吉

經云辰龍戌水廣田莊富堪敵國多稅糧戌砂戌水先照穴翰林學士顯文章

衰向形體

衰向龍頭與旺同半橫半逆穴堪逢衰旺水朝歸過左後砂纏到識真龍流胎復轉歸庫去大地後砂鎖外重

作西方至南方入首

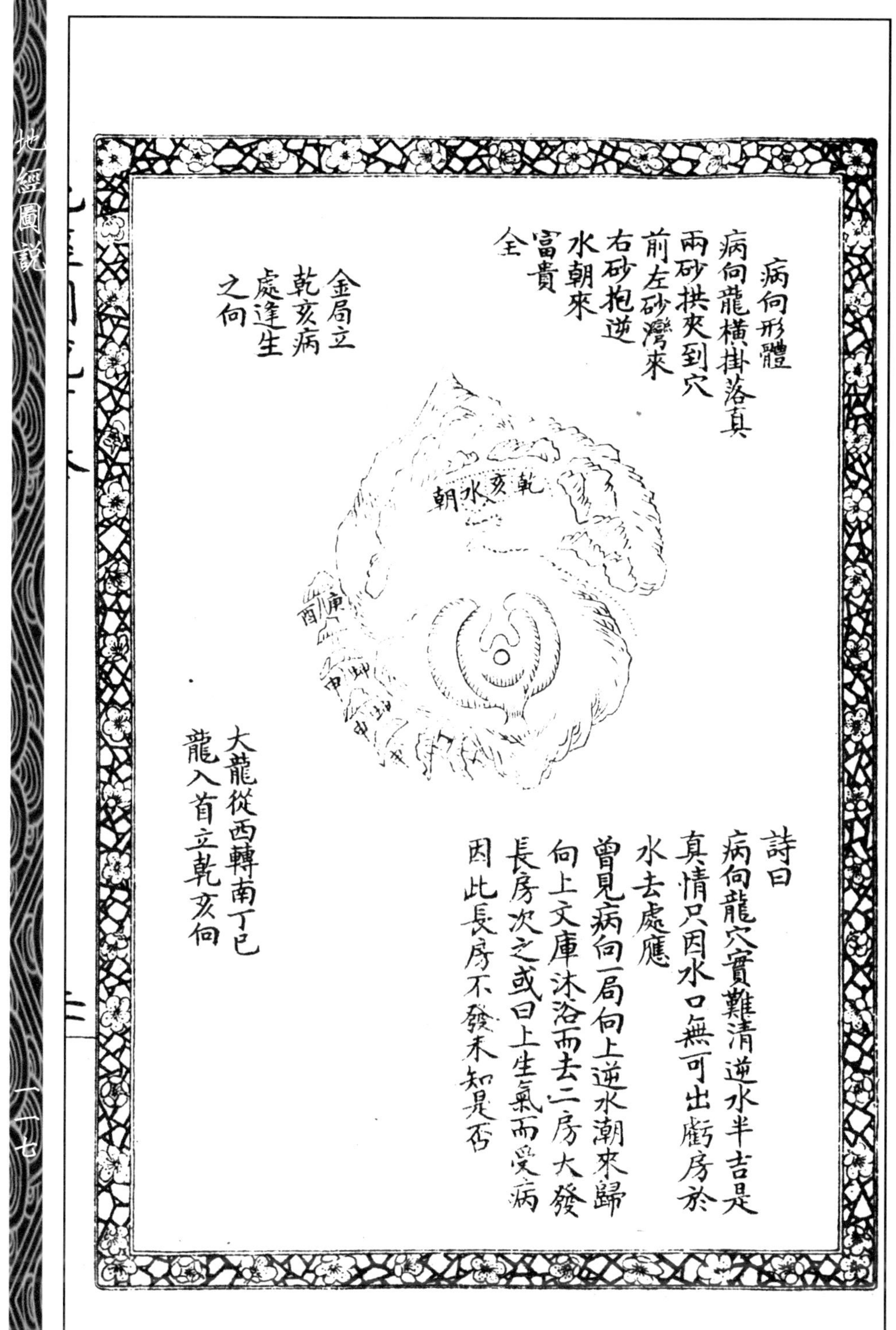
病向形體
病向龍橫掛落真
兩砂拱夾到穴
前左砂灣來
右砂抱逆
水朝來
富貴
全
金局立
乾亥病
處逢生
之向
乾亥水朝
庚
酉
坤
申
坤
申
詩曰
病向龍穴實難清逆水半吉是
真情只因水口無可出虧房於
水去處應
曾見病向一局向上逆水潮來歸
向上文庫沐浴而去二房大發
長房次之或曰上生氣而受病
因此長房不發未知是否
大龍從西轉南丁巳
龍入首立乾亥向

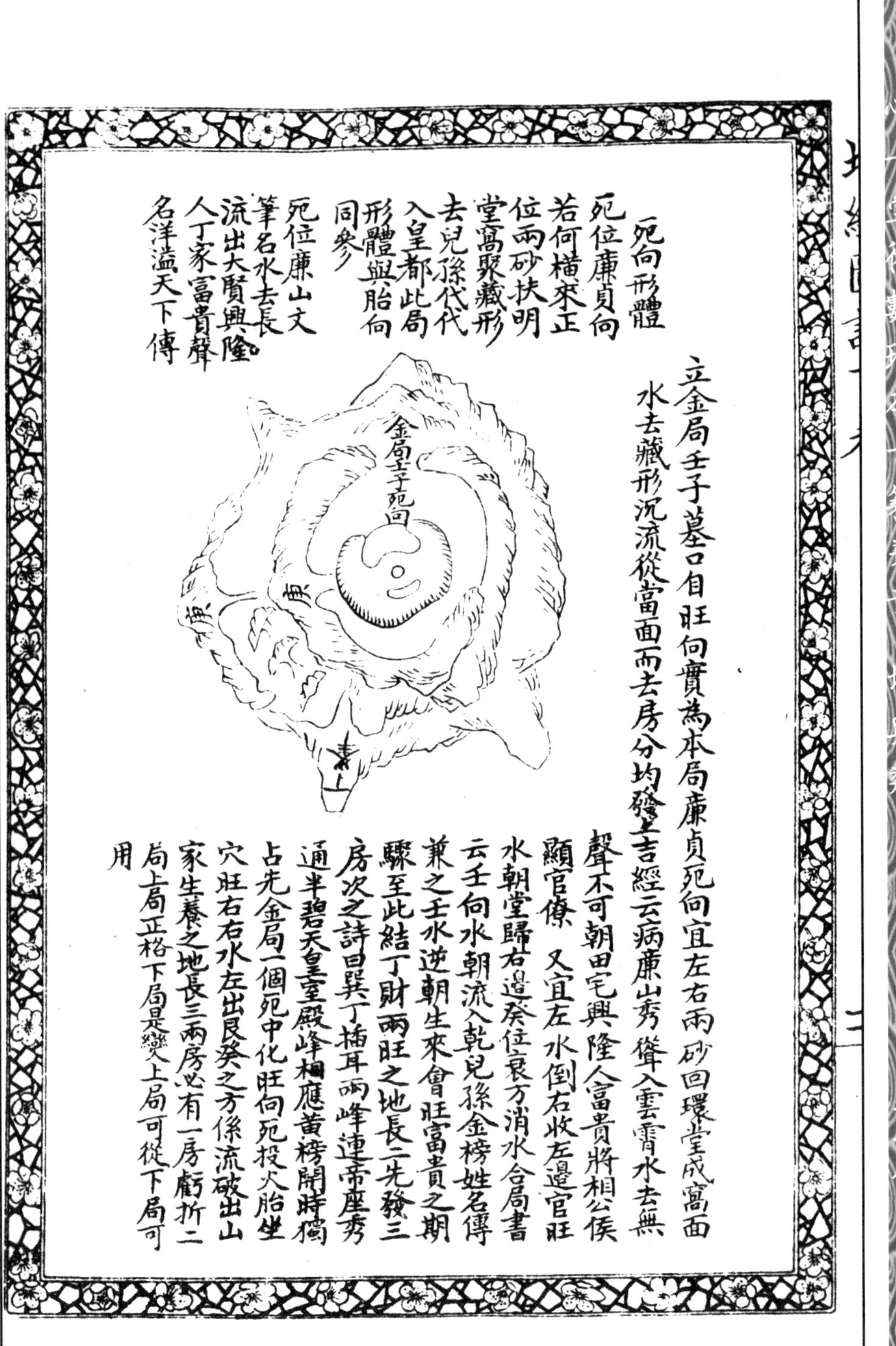

立金局壬子墓口自旺向實為本局廉貞死向宜左右兩砂回環堂成窩函水去藏形沉流從當面而去房分均發上吉經云病廉山秀聳入雲霄水去無聲不可朝田宅興隆人富貴將相公侯顯官僚　又宜左水倒右收左邊官旺水朝堂歸右邊癸位衰方消水合局書云壬向水朝流入乾兒孫金榜姓名傳兼之壬水逆朝生來會旺富貴之期驟至此結丁財兩旺之地長二先發三房次之詩曰巽丁插耳兩峰連帝座秀通半碧天皇室殿峰相應黃榜開時獨占先金局一個死中化旺向死投火胎坐穴旺右右水左出艮癸之方係流破出山家生養之地長三兩房必有一房虧折二局上局正格下局是變上局可從下局可用

死向形體

死位廉貞向
若何橫來正
位兩砂扶明
堂窩聚藏形
去兒孫代代
入皇都此局
形體與胎向
同參

死位廉山文
筆名水去長
流出大賢興隆
人丁家富貴聲
名洋溢天下傳

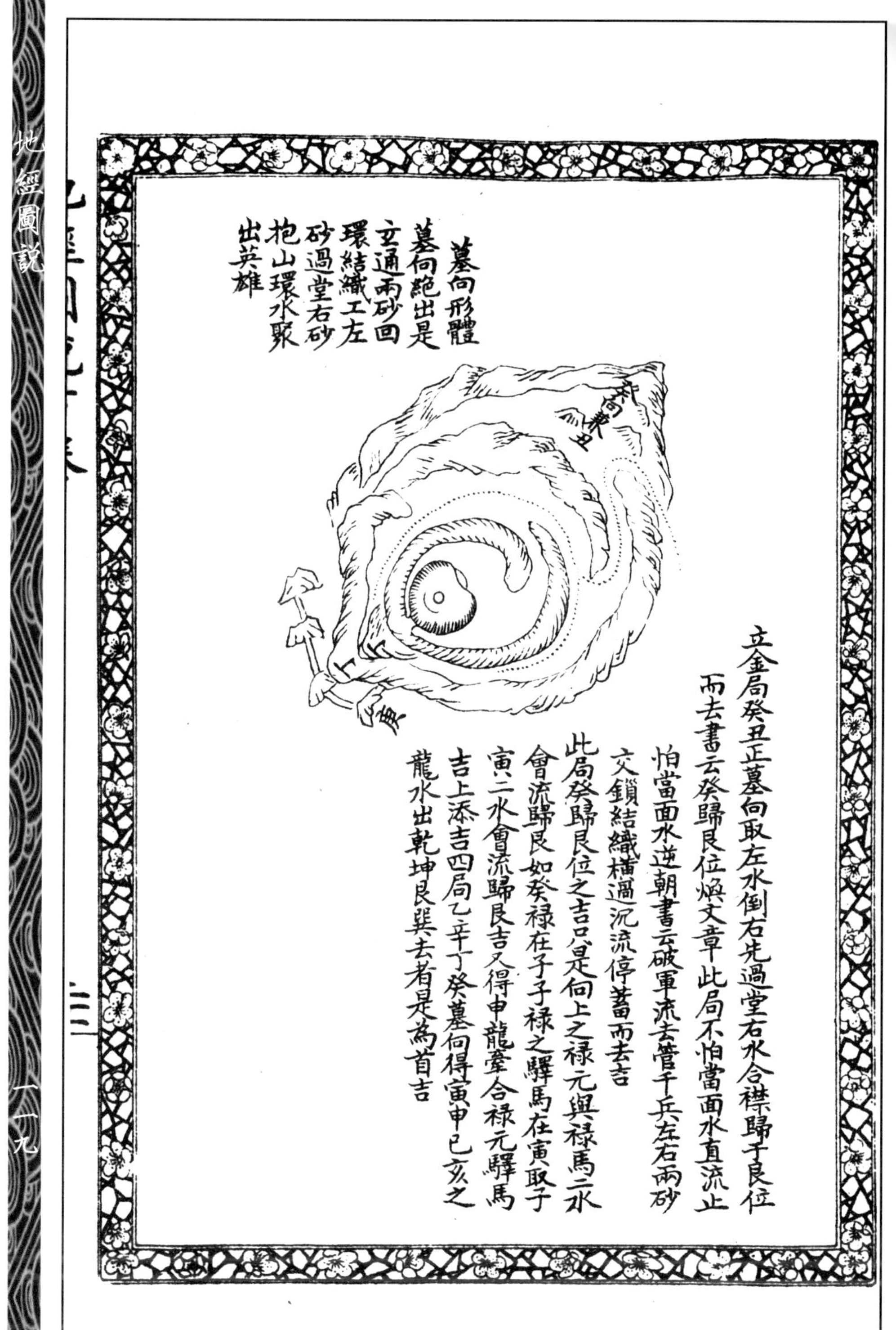

墓向形體
墓向絕出是
立通兩砂回
環結織工左
砂過堂右砂
抱山環水聚
出英雄

立金局癸丑正墓向取左水倒右先過堂右水合襟歸于艮位
而去書云癸歸艮位煥文章此局不怕當面水直流止
怕當面水逆朝書云破軍流去管千兵左右兩砂
交鎖結織橫過沉流停蓄而去吉
此局癸歸艮位之吉只是向上之祿元與祿馬二水
會流歸艮如癸祿在子子祿之驛馬在寅取子
寅二水會流歸艮吉又得申龍夆合祿元驛馬
吉上添吉四局乙辛丁癸墓向得寅申巳亥之
龍水出乾坤艮巽去者是為首吉

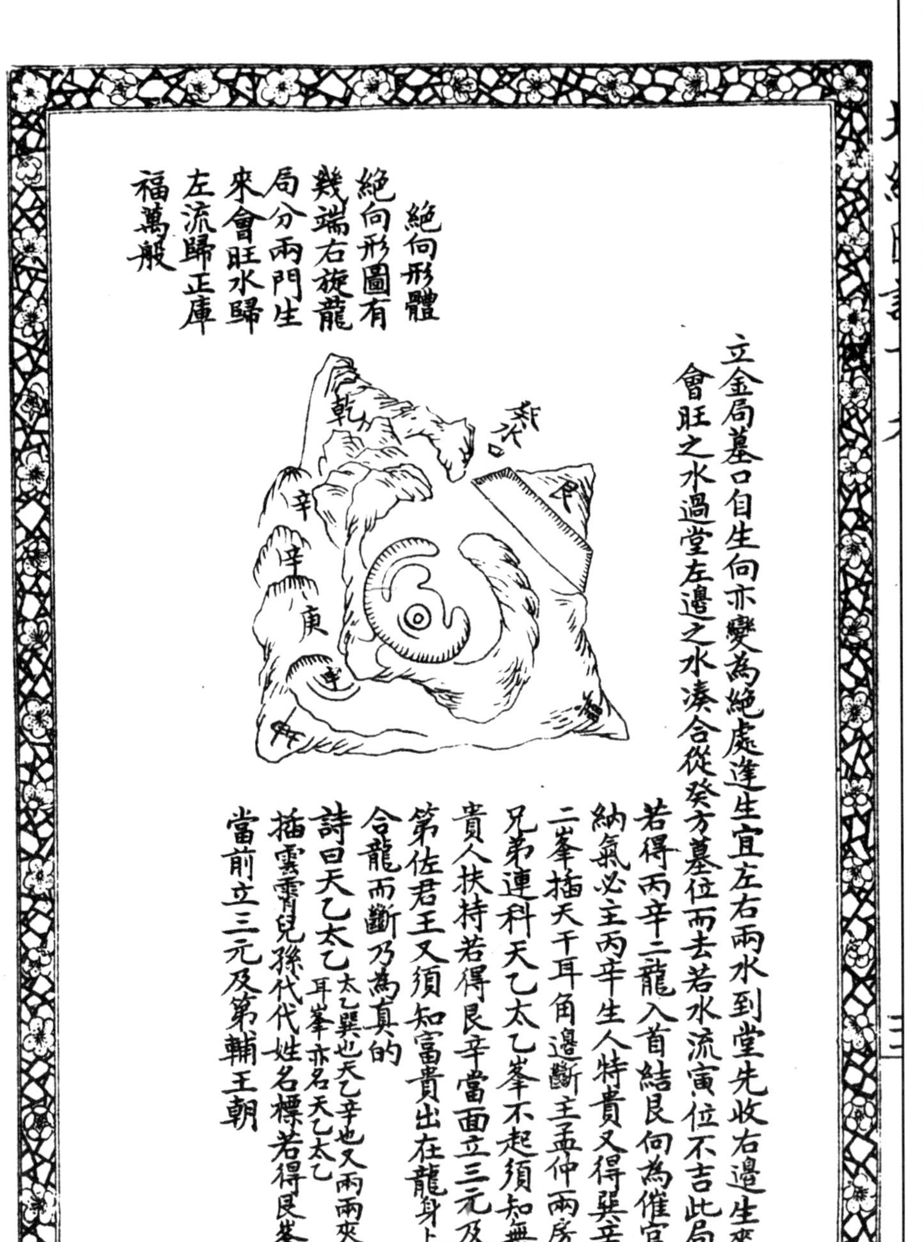

絕向形體

絕向形圖有幾端右旋龍局分兩門生來會旺水歸左流歸正庫福萬般

立金局墓口自生向亦變為絕處逢生宜左右兩水到堂先收右邊生來會旺之水過堂左邊之水湊合從癸方墓位而去若水流寅位不吉此局若得丙辛二龍入首結艮向為催官納氣必主丙辛生人特貴又得巽辛二峯插天千耳角邊斷主孟仲兩房兄弟連科天乙太乙峯不起須知無貴人扶持若得艮辛當面立三元及第佐君王又須知富貴出在龍身上合龍而斷乃為真的

詩曰天乙太乙（太乙巽也天乙辛也又兩兩夾耳峯亦名天乙太乙）插雲霄兒孫代代姓名標若得艮峯當前立三元及第輔王朝

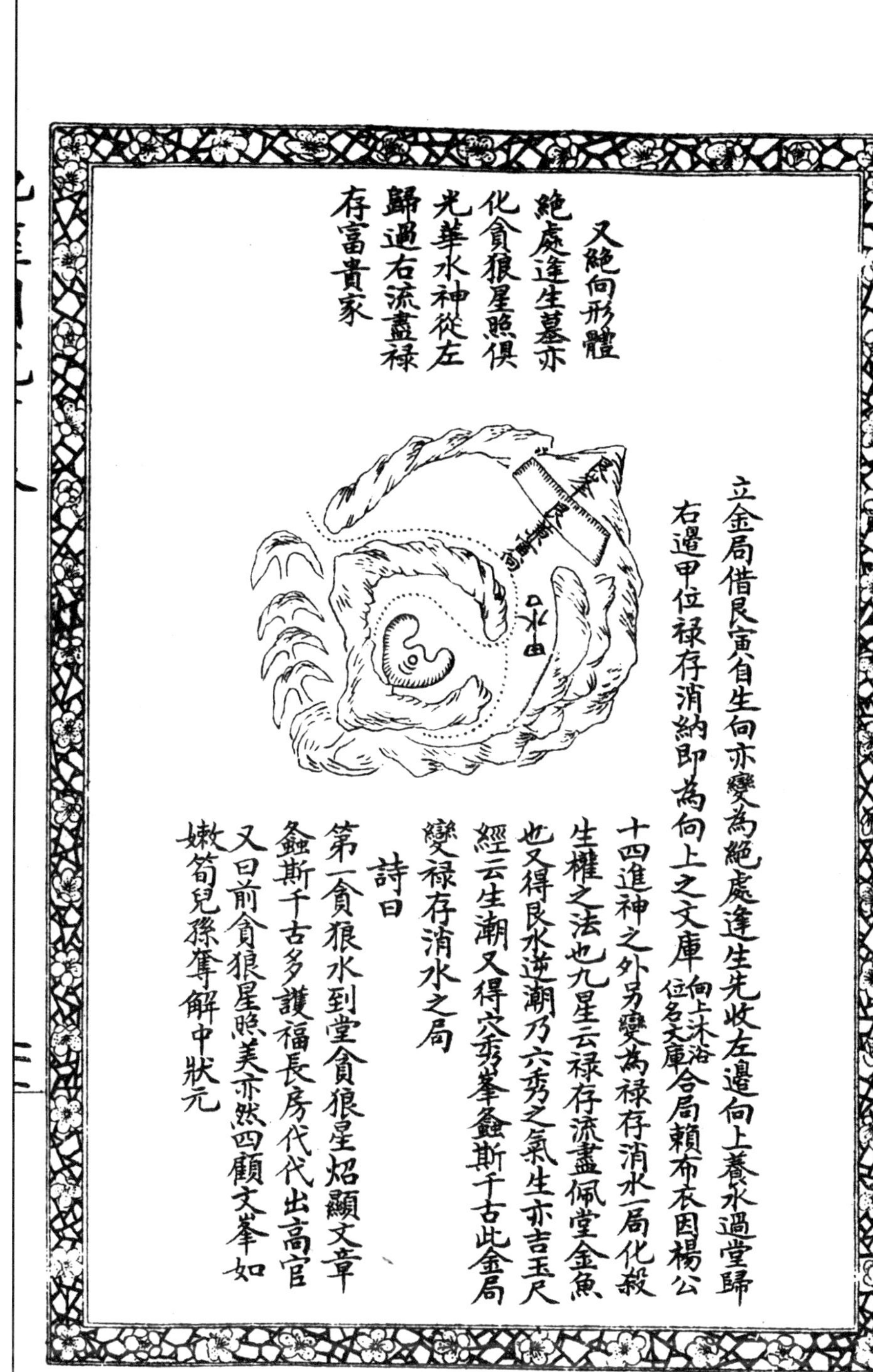

立金局借艮寅自生向亦變為絕處逢生先收左邊向上養水過堂歸右邊甲位祿存消納即為向上之文庫（向上沐浴位名文庫）合局賴布衣因楊公十四進神之外另變為祿存消水一局化殺生權之法也九星云祿存流盡佩堂金魚也又得艮水逆潮乃六秀之氣生亦吉玉尺經云生潮又得穴秀峯巍斯千古此金局變祿存消水之局

詩曰

第一貪狼水到堂貪狼星焰顯文章
巍斯千古多護福長房代代出高官

又曰前貪狼星照美亦然四顧文峯如嫩筍兒孫奪解中狀元

又絕向形體絕處逢生墓亦化貪狼星照俱光華水神從左歸過右流盡祿存富貴家

四長生向俱宜甲庚丙壬四旺龍入首蓋以生數對病穴受病必有旺龍趨入轉向上長生藥到自無病龍旺時病亦消

旺向四言局

乙辛丁癸右旋陽龍入首極吉甲卯向得癸龍之生氣到庚酉向得丁龍之生無到壬子向得辛龍之生無到丙午向得乙龍之生

木局金羊收癸甲之靈立向消水正變共十局圖說

立木局乾亥正生向宜右水倒左收右邊官旺等水上堂歸左邊丁未庫口而出隨龍之下砂短收反吉此左旋甲龍入首翻身逆結受甲氣水從左肩去乾亥峯高主長房卯未生人發貴併甲生人見之此局多結大富之地乃楊公進神之法此金羊收癸甲之靈　詩曰紫氣貪狼坐巽宮龍樓對焰作文峯印浮水面文章顯兒孫代代在朝中

立木局甲卯正旺向宜左水倒右先收左邊生旺水上堂歸右邊丁未正庫而出此右旋癸龍入首翻身逆結收左旋陽水過堂立穴相通甲艮二水逆潮吉書云甲向水朝流入艮管教此地少英賢玉尺經云庚甲潮堂腰懸金印又云寅甲水來必主少年蜚聲科甲第蓋因旺位寅甲得之乃為貴矣更得卯艮二峯高聳孟仲季三房不啻富而且貴驗過此局財丁

兩富貴雙全乃楊公第二進神之法此亦金羊收癸甲之靈之局 詩曰寶蓋抽心結在庚水流東甲望丁行遍覽天下無處覓公侯宰相出其間

立木局丁未正墓向宜左水倒右歸坤吉書云坤丁終是萬斯箱此寅龍入首受木氣而結丁向此局不怕當面水直流只怕當面水逆潮 書云破軍流去管千兵又催官云寅龍立丁向九子十登科蓋丁峯高坤峯秀應女貴亦不過題名於榜末已耳此乃管三房亥卯未生人見驗過此局多結萬富之地昔賴布衣扦姚天官地寅龍立丁向丁峯高聳當代青衣二代入朝至今屢代科甲正合楊公第三進神之法此亦金羊收癸甲之靈局也

立木局辛戌正養向宜左旋甲卯龍轉巽入首受木氣而結辛向宜右水倒左吉收右邊生旺等水上堂從左坤申丁未庫去吉若數生旺龍轉關

數到陰陽生旺互用吉上添吉蓋以陰龍生數到旺向也

墓向四言局

丁坤終是萬斯辛入朝乾宮發萬庄癸歸艮位煥文章乙向巽流清富貴丁向宜寅龍入辛向宜巳龍入癸向宜坤龍入乙向宜亥龍入此乃牽合向上之祿元驛馬歸於乾坤艮巽御街之方是為

四墓向首吉

錯立辛向乾水來不吉辛壬水路怕當乾是也假如左旋巽龍入首辛向辛秀聳蓋巽為貪狼辛為文筆巽辛相見應主魁元及第主丁辛生人貴亥卯未年見之此合楊公第四進神之法此亦金羊收癸甲之靈之局又巽水至坤歸於丁庫合三合 折祿馬上御街之水吉 詩曰 文筆貪狼到巽宮祿馬上御貴鄉同 辛峯高聳雲端立 兒孫執笏在朝堂 木局墓口坤申自生坐向左旋龍翻轉左旋龍結穴云右旋龍結穴云二立木局墓口坤申自生向左旋亥龍來至入首必翻轉右旋從甲卯脫落水出丁方合局吉若亥龍迢迢轉艮入首未過艮宮水關仍以水龍為正

詩曰絕向絕出不為真更要歸庫看龍身左旋龍入首翻轉右旋作甲木論宜水出丁若卑左旋亥龍轉艮云仍以水土論宜從向上坤申合向成局水出乙辰故曰更要歸庫看龍身也先取右水潮山現定主富貴萬年興宜右水倒左吉收右邊官祿水到堂看龍歸庫立關通竅吉坤峯前見主長房申子辰生人亥卯未生人并乙年生人發福此合楊公第五進

神之法此亦金羊收癸甲之靈之局

詩曰 亥氣迢迢入艮宮　坤峯高聳坐朝中　高軸花開婚公○高軸是橫土之山花開是丙亥有小負峯作伴○兒孫代代出英雄○此条原以亥龍左旋入艮而作木局墓口坤申自生向水出翻丁方為吉吉曰翻轉右旋者乃欲明其房分均發吉上添吉耳

立木局坤申自生向變為絕處逢生右旋癸龍入首兩水會合先收右邊官祿水到堂左水合襟從當面天干絕位而出百步轉欄從 方丁墓位而去若丁坤峯高主房分居三者申子辰年生人貴壬乙年見

詩曰 席帽之上山聳秀　兩帶肩飛巧文章
家有良田千萬頃　一開黃榜姓名揚

立木局坤申自生向變為祿存出水收左邊向上養水到堂從右邊庚方沐浴而去賴布衣因楊公十四進神之法變為一局若水出甲位大凶此局多結富貴之地應長二之房貴申子辰年亥卯未生人見之若得丁坤依上仝斷

詩曰 楊公砂法之數窮　水歸艮位是真龍
又得雙峯坤面立　兒孫一舉展經綸

立木局丙午墓向自旺向右旋甲癸龍入首收左邊官旺水上堂從右邊艮方從丁位而去此楊公第五進神亦金羊收癸甲之靈也

詩曰艮亥二水丙向峯此局分明富貴翁若得巽丁筆文現男婚公主女配君此是變局形體兩砂環抱局成窩面水去藏形從當面沉流而去乃為死向廉貞之正局不可知也

立木局沐浴借壬子自旺向壬子癸水逆來取向上旺水與癸方巨門水到堂撥歸左邊庚方祿存而去吉此收山出煞之法也若右水流來從乾亥而去犯着殺人黃泉凶

詩曰衰來旺去不為乖流破祿位不生災將針牽轉為生向化凶為吉自當裁若右水倒左將針一轉作為生向吉

又沐浴向自有化旺之吉蓋木死於午即投入壬子水胎轉向壬子而化旺所以壬午癸水逆朝撥歸左邊庚方而為壬水之沐浴消方吉曾見張家祖坟北方龍轉巽入首穴生午向子兼丁癸向上壬子水癸水倉扳逆

潮歸左出庚乾亥水潮而不上堂同向庚位而出發巨富巨族

立木局庚酉胎向宜左右兩水夾來上堂局成窩面水去藏形大吉書云胎

向聚晴流富是也否則左右兩砂回環交鎖結織當面流不見其去亦

吉所謂順流不嫌沉者是也至騎龍制官穴下化眷為堂左右兩砂環抱

前官外堂神屈曲登穴總不見去亦吉若左水長大到堂直出則為破旺

九星云旺方流去根基薄乏食貧寒怨上天

詩曰 庚向直流非吉祥　縱然驟富亦不長

一發如雷長房見　一敗如灰二子當

水局辛壬會而聚辰立向消水正變共十局

立水局坤申正長生向壬龍入首受水氣而結生向宜右倒左生水逆潮歸

乙庫而去立穴相通驗過此局坤水逆來得橫財丁酉峯高主長壽五經

云坤母高峯幸題名於榜尾又云坤上有天馬馬居西南方公便立至蓋

以坤為撫按馬又馬居南方富貴綿遠以馬砂歸垣於南離之位也又丙為天馬　詩曰辛壬龍來坤上峯壽星高聳白頭翁天馬居在南方位兒孫執笏在朝中

立木局壬自正旺向辛龍入首結壬子向宜左水倒右吉左邊後纏砂到合襟使水曲轉暗流右肩乙辰方去玄竅相通合此局主財丁兩旺長房亦旺丁三房均平有亥乾峯應長房發貴玉尺經云生與旺向同歸人共歸財而咸吉又曰壬水潮來流入乾管教此地出英賢是壬乾為武曲兩兩交朝也　詩曰秀峯高聳直如鎗兒孫世代繼書香生旺朝來章顯富比石崇福壽長

立水局乙辰正墓向壬龍入首勢降右邊而受穴取左邊官旺水先過堂右水合襟歸於巽位而去書云乙辰巽流清富貴橫過停蓄為佳驗此局富貴財丁俱全定主三房先富甲子辰生人見之更得艮震二峯高起二房

富貴寅卯庚丙生人見之　詩曰帝座行龍幸值方寶座當門為吉祥鳳
也飛出人難曉大鄉宰相姓名香

立水局丁未正養向宜右水倒左吉收右邊生旺水過堂歸左巽方絕位砂外歸於乙辰合局此亥龍左旋入首勢降右邊結丁向取納三折祿馬御街之局水由子歸丙由丙歸巽是小神入中神中神入大神是三折祿馬上御街之水也書云三折祿馬上御街一舉登科世魁名　詩曰艮巽來龍丁向峯此局分明富貴榮若得丙巽連三大亥卯未癸年入雲中

或云四養向右水倒左只可橫過不可逆來若從當面直出犯着坤水來不吉書云庚丁坤位是黃泉此之謂乎然曾見四養向有官旺龍到頭管局養水逆來吉正所謂穴坐衰時憑養救也

立水局墓口巽巳生向宜右水倒左收右邊生養水上堂歸於乙庫合局此

係左旋辛龍入首立巽向巽納辛氣合納催官得巽峯高聳注貴應長房巳酉丑生人併辛年生人特貴以其合龍合向之故驗過此局多主大富貴巽位五指峯高主父子翰苑后出兄弟科甲巽是女星又主女貴故應五指向有準耳此亦辛壬會而聚長之局詩曰五指峯聳共相連撐起巽峯半壁天父子同科居翰苑四男一女居王邊此左旋辛龍硬以辛之陰金配壬水而作水局亦由左旋丁龍以丁之陰火而配庚金作金局其實左旋辛龍未過乾之金關而交水其氣仍納西方金氣故左旋辛龍入首結巽巳自生向者宜倒到頭翻作右旋從壬入辛更為合局否則長三兩房必有一房人丁稀少以其水流乙辰破向上養地之故四局左旋乙辛丁癸之龍同推

立水局墓口巽巳自生向另變為祿存消水之局收左邊官旺水過堂歸右

邊丙位為向上沐浴胎方之祿存而消合吉又得坤峯與坤水來會合吉玉尺經云生水潮堂龕斯千古巽水一勺能救貧此亦財丁兩旺之局如巽上有文峯丙位有巨門峯俱各秀麗書云貪見巨門臺閣臣是也生辛年生人併巳酉生人貴於長房見之

詩曰巽峯高聳插雲霄　文武森森輔聖朝
九曲入堂為宰相　兒孫千古姓名標

立水局墓巽巳自生向此係右旋辛龍入首宜左右兩水到堂右水先過左水合襟從當面天干而出百步轉關吉書云惟有巽宮可去來此上變祿存消水之局若是巽上有峯秀麗應長房巳酉丑及辛入貴先

詩曰巍巍巽峯插半天　何怕當前水真牽
百步轉關為外合　兒孫常近帝王邊

立水局墓口甲卯死位廉貞向右旋壬龍轉辛宜左右兩水夾來上堂局成富面水去藏形從當面天干隱隱而去

詩曰死位廉貞文筆名水去長流出大賢興旺人丁家富貴聲名洋溢天下傳此是正局

又名死中化旺向宜左水倒右收左邊官旺等水上堂從右邊乙辰衰方而去玉尺經云庚甲潮堂腰懸金印又曰甲向水流入艮宮管教此地出英雄若艮上有峯起定主長房丙寅生人發貴二房發富卯峯特秀二房堪誇此局正係財丁兩旺依斷無差詩曰旺停衰發如雷水大滔滔從此來若要救貧此地寅時葬下卯時發財曾驗此局多發二房

立水局庚酉沐浴向左旋壬龍入首橫受立庚酉沐浴化旺向堂宜高聚倉板水潮併收辛位巨門水乾為臨官水撥歸丙位為向上之文庫消納此龍真穴的化殺生權之局書云四路黃泉能救人乃是巨門之水若立酉向水從左邊神位出犯着殺人黃泉書云流破官祿主少亡也惟新安安大鵬城歐陽家祖坟龍真穴的右邊巨門水逆來大聚堂局奈左青龍沙收

得太長内局出神初年人丁稀少上一穴見得水流丙位屢代萬富不替

若無龍局不可扦此穴向恐有錯悞此局乃變禄存消納之水局

詩云 旺去旺來局非常　更收巨門一位祥
又得文峯巨門插　兒孫奕世拜君王

立水局丙午胎向宜左右兩水夾來上堂局成窩面水去藏形從當面天干關欄灣曲而去吉又宜右沙先過堂左沙湊合交鎖結織水出之玄沉流灣曲而去吉又宜左右兩水大界分明結局謹閉方可扦不然直流無關定主二房轂空虛出人吐血

詩曰 歷盡江山幾萬重　悞扦胎向多貧窮
時師體認真龍穴　葬下二房絶根踪

火局乙丙交宜趨戌立向消水正變共十局

立火局艮寅正長生向宜右水倒左收右邊官旺水上堂從左邊辛位庫基出口而去此左旋丙火旺龍入首氣貫左耳翻身逆結無下沙上沙作下

沙時師不識左旋陽龍逆收右旋陰水多嫌此地不知葬後先發長房後發中房左右肩有沙護發三房無沙護三房次之若得艮峯高聳定主魁元秀士玉尺經云生來會旺聰明之子亥生寅午戌生人見之此乙丙交而趨戌之局　詩曰貪狼秀聳耀坟塋　丙氣欣逢艮納應

占魁奪解無須說　二百年來五百丁

立火局丙午正旺向宜左水倒右收左邊官旺水上堂從右邊辛戌庫而出合局丙向峯高不讀詩書也爲官若得丙水逆潮三房發又巽水來吉丙水逆潮流入巽兒孫世代定爲官又巽爲貪丙爲巨貪見巨門臺閣臣也經云未發親生子先發外甥郎蓋因師葬內立乙向外立丙向貪見巽峯故應也定斷長房發三房次之巳酉丑生人貴應巽寅午戌生人富應丙又收艮寅水來歸右辛戌流乾方出艮丙方峯高先後天相見眷屬同情也玉尺經云少年早（？）聲科第定是水來寅甲蓋以居生旺之位故也此

乙丙交而趨戌之局也　詩曰
天皇照耀案台前　木火炎炎號牛眠
巽峯高聳來相應　長家世代出名賢

立火局辛戌正墓向宜左水倒右右水湊合歸於乾方合局書云辛入乾宮發萬莊此右旋巽龍入首勢降左邊而受穴此局不怕當面水直流只怕當前水逆潮設若辛水當面逆潮來左有青龍逆水砂擋住時師多嫌離鄉書云砂不飛揚官不拜相蓋謂此也書云辛向辛峯高三房子孫顯英豪寅午戌人生命見仲子排來三子高

詩曰
巽龍辛向水流乾　辛上高峯見魁元
縱無火木蜂腰體　亦能買盡世間田

立火局癸丑正養向宜右水倒左收右邊生養水到堂從左邊乾方絕位而去合局立養向水口只橫過不宜逆潮倘見逆來三房人丁稀少以癸丑係屬丁山家破軍之故又艮水來從當面直出書云甲癸向中休見艮艮又犯殺人黃泉總宜右邊養水橫過潮拱玉尺經云生水潮堂多螽斯千古

更得乾艮峯高長房貴三房富貴寅午戌生人見之

立火局墓口乾亥絕處逢生之向丙龍入首　以結乾亥向此左旋龍翻轉右旋入穴者也宜右水倒左收右邊生旺等　於辛戌借火局正庫消納合局又乾亥峯特聳華表居辛戌（華表是立體貪狼居水口主出大貴）翰林學士拜丹墀定斷長房寅午戌生人見之（是合龍向與向而斷）驗過此局天皇星峯起者科甲不替（天皇亥也）傳與同志鑒焉如奎道黃舉人祖坟巳山亥向天皇照穴陳姓祖坟丙龍入首結乾向辛方華表天皇照應主出翰林此亦乙丙趨戌之局　詩曰

三皇龍樓特峯峙　一舉成名天下知
華表居在辛方位　三元及第步丹墀

立火局借乾亥自生向變祿存消水之局宜左水倒右吉收左邊向上生養水過堂歸於右邊壬方沐浴消納合局如立乾亥向左水來從亥位直出者大凶驗過此局出科甲應長二房貴三房均平　係亥卯未及寅午戌生

人貴此局變祿存消局　詩曰天皇聳秀朝兒孫代代伴君王華表貪狼居水口翰林學士姓名標

立火局借乾亥墓口自生向亦變祿存消水之局宜左右兩水夾來上堂右水先過左水湊合從當面乾位天干直出百步轉欄曲暗傳辛方而去必須丙巽龍入首據定乾為火之絕位祿存方能消納主出公卿宰相之地丁亥辛亥生人見之　詩曰

玄機奧妙最無方
絕處逢生木變火
此局通機大吉昌
莫把流生說短長

立火局墓口庚酉自旺向宜左水倒右收向上左邊官旺水上堂歸左邊辛位衰方出水合局楊公云庚向水潮流入坤管教此地出英雄又得庚水逆潮更吉玉尺經云庚申潮堂腰懸金印此右旋巽乙龍入首收左邊陽水過堂財丁大旺三房均平亦乙丙交而趨戌之局曾見此局發二房甚多兒孫聰明巧文章名聞富貴傳天下家有銀瓶夜放光○又死位廉貞火局向宜左右

兩水夾來上堂局成 窩面水去聚形登穴只見水聚天心更吉詩曰登明神后峰應向 登明神后向上武曲旺位也

立火局甲卯沐浴向宜明堂窩聚右水倒左撥在甲向壬方沐浴而消收右邊乙巽巨門臨官水到堂甲卯自旺水聚堂歸左壬方去吉若龍局有差錯立甲卯旺向撥水不清右水來主二房癆瘦瘋癱左水來主長房損丁敗絕若合此局二三房富貴子驗此局龍真穴的方可扦否則誤殺世人

此火局變祿存消水之局 詩曰 巨門單來方得真 穴內祥烟紫氣氳 必出兒孫多富貴 聰明才子更超羣

立火局壬子胎向宜右水歸左左右兩水夾來上堂局成窩面水去藏形所謂胎向胎聚暗流富者是也又先收右水過堂左水湊合交鎖結織橫走之玄流而去亦吉若左水先過堂從當面直出無關攔定主二房貧乏而丁稀此火局變祿存消水之局 詩曰 旺向從來去不宜 誰知胎向合天機 時師莫把流時斷 祿存流盡佩金魚

附山法總論

山有變化之元妙水有曲直之吉凶欲明其術須察其奧無知之輩不以山川性情氣脉為本專以天星理氣生旺之說作書惑人盡以羅經為上指龍指向利口覆人可哀莫甚豈知山川自有山川之生旺貴賤自有貴賤之形體要以龍脉為本巒頭為體砂水為用察其博換俯仰順逆生死陰陽緩急動靜向背之情性庶幾復得郭楊諸先生之正宗耳

谷中關鎖為上平洋水聚為佳所貴者平中之陰所愛者谷中之陽動中觀其脉靜中觀其氣勢求動中之靜穴求靜中之動尋龍隨乎脉止定穴當從氣現明緩急纔加呑吐審陰陽而下浮沈立向須憑唇口挨親當從界明山有支壠之别地有厚薄之宜壠龍之脉陰多而就陽支龍之氣陽多而就陰支有陽極成陰壠有陰極成陽成陰可撞雖陽莫湊地厚處當從薄取地薄處須尋厚裁取厚者須親氣脊取薄者亦須唇口平

洋無氣脉之可觀定穴有水神之証佐觀生死於曲直之間審行止於雌雄之内星體臥於平田氣脉從於水現體小者當從乎内體大者須察於旁死則靜生則動不現於前須視其側方則取動圓則取靜來須脉現止隨氣鍾據催官理氣之説六秀為貴亥龍尤尊四墓為賤寅龍更劣然有亥艮六秀行龍而終歸敗絶者有寅甲四墓行龍而出大富貴者何也皆因形體貴而貴形體賤而賤考之名墓鑿鑿可據不誣也

陰至則生在陽陽至則生在陰下生上者為陽上生下者為陰峻為陰平為陽窩為陽乳為陰取乳者葬其平取窩者葬其急山壠之脉其氣屬陰多乘其上故曰葬巔平洋之龍其氣屬陽多取其頂故曰葬麓有半陰半陽之脉或平乳金面有八分陽二分陰者有二分陽八分陰者陰多者取陽陽多者就陰

見龍勢之來是亦不來見龍勢之不來是亦有來見其來而不來者脉不至也見其不

來而來者氣之至也靜則觀其脉隱則觀其氣花穴反生龍虎分合多是孤陰真脉隱於分合真龍藏於砂水初玩無情細察自妙

龍以博換為先奇特為真博換者粗出細細出粗奇特者大中特小小中特大異者閃藏頓跌迴別衆山變化莫測故曰龍也與衆山同類不斷不異雖能起伏皮毛不換總有星峰瘦削手脚尖斜此非龍也行龍不斷則不肥不伏則不起卸須到底起要成星斷以不斷為真不斷以斷為的龍要飄揚活動脉要無中出有斷不斷於博換之間去不去於行止之內出脉羨於肥處過峽貴於無形龍現則穴隱龍隱則穴現有脉在身其體自動精神在體其鋒必銳砂頭水尾成形雖小亦然放水聚砂回無脉總好虛花所貴者納盡諸流所賤者本體不收又有不納而納不收而收者不納而納龍砂之納也不收而收護衛之收也相水之法山谷交鎖為上平洋織結為佳山以脉為本洋以水為主氣如子水為母母去則子隨子住則母住行則護住則抱多戀則子貴少愛則子賤

洋無氣脉之可觀定穴有水神之証佐觀生死於曲直之間審行止於雌雄之内星體卧於平田氣脉從於水現體小者當從乎内體大者須察於旁死則靜生則動不現於前須視其側方則取動圓則取靜來須脉現止隨氣納然

據催官理氣之說六秀為貴亥龍尤尊四墓為賤寅龍更劣然有亥艮六秀行龍而終歸敗絶者有寅甲四墓行龍而出大富貴者何也皆因形體貴而貴形體賤而賤考之名墓鑿鑿可據不誣也

陰至則生在陽陽至則生在陰下生上者為陽上生下者為陰峻為陰平為陽窩為陽乳為陰取乳者葬其平取窩者葬其急山壠之脉其氣屬陰多乘其上故曰葬麓平洋之龍其氣屬陽多取其頂故曰葬巓有半陰半陽之脉或平乳金面有八分陽二分陰者有二分陽八分陰者陰多者取陽陽多者就陰

見龍勢之來是亦不來見龍勢之不來是亦有來見其來而不來者脉不至也見其不

來而來者氣之至也靜則觀其脉隱則觀其氣花穴反生龍虎分合多是孤陰真脉隱
於分合真龍藏於砂水初玩無情細察自妙
龍以博換為先奇特為真博換者粗出細細出粗奇特者大中特小小中特大異者閃
藏頓跌迴別衆山變化莫測故曰龍也與衆山同類不斷不異雖能起伏皮毛不換總
有星峰瘦削手脚尖斜此非龍也行龍不斷則不肥不伏則不起卸須到底起要成星
斷以不斷為真不斷以斷為的龍要飄揚活動脉要無中出有斷不斷於博換之間去
不去於行止之内出脉羨於肥處過峽貴於無形龍現則穴隱龍隱則穴現有脉在身
其體自動精神在體其鋒必鋭砂頭水尾成形雖小亦然水聚砂回無脉總好虛花所
貴者納盡諸流所賤者本體不收又有不納而納不收而收者不納而納龍砂之納也
不收而收護衛之收也相水之法山谷交鎖為上平洋織結為佳山以脉為本洋以水
為主氣如子水為母母去則子隨子住則母住行則護住則抱多戀則子貴少愛則子賤

枝幹者正則是幹旁則是枝幹龍之地富貴悠遠枝龍之短富貴易過然有枝龍之旺者或十數里或二十里生枝生葉力量亦大則是枝中之幹也龍之變化有幹化枝有枝化幹幹不起峰枝不勢大起峰龍欲住勢大化為幹枝旺則行幹老則休尋地不必專尋正幹但得祖宗拔衆龍神氣旺山水迴集則為上地幹龍到頭人皆見葬每多貧絕不知龍雖有幹脉從枝落勢雖有正氣多旁出枝與幹皆須認氣二者辨其力量氣有勝衰勢分輕重脉有貴賤不知其果枉視其根論行道者得一生氣自能救人專論枝幹恐失真的

有勢而無星者不能為貴有星而無勢者不得為大夫水口有百里者有五十里者有十數里者有一二里者須用高大緊關無愁內病無戶雖聚不豐

先觀坐眠頓伏之勢次審機關情性之所頓立則住降伏則行頓有分別伏亦不同頓而仰者穴巔頓而立者穴腰頓而側者穴閃頓而俯者穴麓下粗而脚縮者穴高上粗

而脚伸者穴低穴高者要得天然穴低者要得氣旺天然者不愁險峻氣旺者須得兜收穴高者因衆山之拱逼穴閃者為中乳之粗頑頓伏而收者觀其界合頓伏而散者則在他鄉伏而起者乘其起伏而奔者乘其止世人多從勢盡而求之者非也穴真休嫌砂醜氣現何愁無脉閃於界者觀乎氣住於巔者觀其衆脉於背者動而肥穴在腰者軟而平粗闊尋乎兩手勢湧盡於足收要龍柔而體剛愛星靜而脉動取大者不宜粗濁取小者要得精神五星九星皆要星真而脉美氣旺而神清不以方位生尅之說為驗也

洋中之龍見於影響有氣則起氣弱則止洋中得陰其氣衆聚精華百倍貴而莫測古云萬仞不如一堆高山不如平地陰見陽而始生陽得陰而發育隱隱隆隆奇脉異踪斷續連行或隱或顯微茫界合低田作堂高田作砂細觀微砂四面亦遮大小須觀祖宗之力量貴賤在乎本身之融結清而巧者主貴頑而厚者主富洋龍得氣為真纏

身水繞為佳點穴須扶胎息作法休傷唇口取明皆為真的乳頭多作兜收薄中拖唇為上窠中無氣莫求圓靜肥隱不宜顯瘦脈任雖去亦[illegible]脈去雖落亦粗

凡觀出脈要於个字之中分龍落頭皆不可無个字有[illegible]个字纔有分水有分水則脈自清不拘山龍平地有束氣纔能結穴

脈者氣之根氣者穴之情龍無脈不現穴無氣不成認脈可以觀龍識氣可以點穴有脈在身其體自動有氣在體其體自肥氣愛肥脈愛清氣者還須土厚脈者定要界清若氣脈俱不現者須觀左右上下之生氣其氣之現又復不一有穴後現者穴中現者穴下現者穴左右現者穴後現者則毬穴中現者則肉穴下現者則唇穴左右現者則穴中之證佐也穴後現者湊毬穴後現者湊簷穴下現者湊氣穴左右現者挨生細微活動軟薄者為脈露肉露唇肥嫩者為氣惟葬其生莫乘其死龍旺不若脈旺脈旺不若氣旺脈多隱氣多現氣不可以陰脈不可以陽又云脈無陽不旺氣無陽不現有脈

現而氣不現者有氣現而脉不現者氣現則當觀其生死脉現亦須察乎明暗二者極宜詳察古云葬乘生氣此之謂也

穴情者乎窩也舊有一百二十之說豈能該盡總不離窩鉗乳突氣五字而已窩者不獨金星之窩毬簷下圓暈中平處是也鉗則是口口有八般鉗口鴉鉗口燕雀口蜈蚣口禾鍬口鼠肉口葬口又口乳則嫩枝突則穴後之毬氣則形現之生氣不論高低大小皆要有此穴情纔的當上觀其脉之與下觀其氣之受旁觀其界之圓陰取窩陽取毬是其情也

落脉清微為真穴乘生氣為的莫貪於對頂之中休觀於蠢懶之所旁閃皆為真的貫頂多是虛花出脉須分个字結穴當尋界圓中心出脉無而有者為真側閃而來須求氣旺為上落脉雖微上無蝦眼何憑拱突孤陰縱有分合總盛急硬中當求離閃粗濶處定是旁行明顯多為虛假三陰定是無成節泡虛生時人誤以為毬葬多貧絕皆因

陰重無陽形局美而不貴多為落脉之粗砂水全而不真皆因孤陰無氣有分無合者可裁有合無分者難據重重節泡薄處可裁隱隱毬簷簷[illegible]是的或閃或坡草蛇灰線須尋虛毬虛浪受風無力而生純陽純陰莫貪形局之奇脉清氣旺休嫌砂水不全邊死邊生厚處多從薄取邊薄邊厚薄處須從厚裁股明[illegible]脂者取明一厚一薄者取薄純陽莫入口純陰喜下胎又云蝌眼不分扦氣穴乳中根細乳中藏

壠龍與支龍不同壠龍接脉支龍就氣壠龍挨薄支龍從厚支龍得壠為貴壠龍變支為旺支龍陽極成陰壠龍陰極成陽陽極成陰定為貴地陰極成陽多為陽宅支中葬巔壠中取巖支龍散於平野特處為尊壠龍出於山谷奇者為貴支須得水壠莫露風洋中得壠貴而無敵谷內生支異衆亦尊支龍得石成胎壠龍遇平有結支龍剛則貴不剛不貴壠龍斷則結不斷不結不斷不剛遊龍散漫大小觀其發祖貴賤在於本身一起一伏節節可裁無性無剛則穴不成陽得陰者氣旺而生陰變陽者勢止而成勢

止而成者其吉可觀氣旺而生者其福難量有壠出支有支復壠支龍有氣可裁壠龍脉現須陽

論房分之興衰盡於砂水之上青龍主長房而兼養女堂案主二房而兼財祿白虎主三房而兼陰婦

山之氣脉難明水之禍福易見龍隨水出氣隨水住來宜曲屈去欲之元堂砂向背情隨水別真假吉凶易驗於山屈曲來朝不拘方位皆吉之元而去雖無關鎖亦佳朝聚於堂稱則中男發福送纏元武看他左右榮華撞城劃脚穴高無忌穿割箭射山壠何傷斜分直蕩無分左右皆凶金城環遶不拘前後趨朝　古云山朝不如水朝水朝不如水遶水遶不如水聚水朝則堂逆堂逆則財招水遶以氣全氣全則福綿水聚則龍會龍會則地大直衝仰蕩平中之忌逃飛散亂谷底亦防所喜者入懷遶抱所惡者散亂無情地戶緊關雖順流而未發城門散濶縱逆朝而終衰織水彎流不拘前後為佳長

生墓旺縱合卦例皆非龍隨水水隨龍脊戀皆真脉隨界界隨脉界圓則結龍神行止皆同於水穴法變通總不離界水多者氣又有八煞穿割箭射斜仰衝蕩此八者水之害也辨云穴高不論射水濶豈為箭脉大何嫌割戶斜任斜韋屈曲無穿意仰蕩穴登天真龍相住處反吉任君扦水無方與位屈曲是為生訣云傍水尋龍脉依砂向界親若知圓活處點穴自然真水惡終須避勸君裏面扦不能藏避處寬葬莫挨前

淺深之法在於陰陽浮沉四者陽則氣從下昇陰則氣從上臨下昇則棺底而起上臨則棺蓋而入棺蓋而入者葬於脉底棺底而起者扶於氣上沉則深浮則淺二者憑於生氣峻則深平則淺輕重全在陰陽峻而脉不露者或一二丈之間平而有氣現者或二三尺之數陰陽中和葬深五尺其勢平來脉從頭入蠢厚宜深明薄宜淺深淺之法總不若開土見生氣論陰陽之為的也洋與山不同山則深淺乘脉洋須作穴扶起山不得脉蟻食其棺洋中不扶水浸其骨陰須脫陽要藏脫者恐傷其煞藏者為避其風

貪秀而失真者不迎其情貪朝而失穴者不認其氣論朝之法取近為的有情為真有穴則有朝主真賓亦真觀山脉之難明看地龍之不易山脉觀於微妙地氣出於道眼山中明隱為脉地中肥動為氣高田為脉圓活為氣脉從高下氣憑水出山可遠觀地須近察低地高田傍水尋龍分毫高下隨龍步脉牽連伏斷鷗鳧浮沉隱則雲中藏雁現則浪滚砂飛到頭處或方或圓隱隱然而成星者貴結穴處或大或小微微動而圓活者生出身處龍粗於發足結穴處水遶於穴前低田作堂高田作砂依稀遶抱羅城莫漏不閒開口出角穴求証佐為真勢求清巧為貴勢圓者求靜勢方者求動富貴大小隨龍分別棺須扶起穴須藏深不愁風透無水不成

一到平洋以水為脉以水為户以水為護水本無脉[illegible]　脉從水現龍隨水行砂依水抱氣從水止直則死曲則生生死吉凶盡在乎水大聚則[illegible]府小聚則市[illegible]龍無水不峽氣無水不收一峽一收氣象萬千無峽無收陰陽不偶大水龍亦大水小龍亦小大者

須防散濶小者又怕卑涸大則清小則深水貴曲而不貴直貴聚而不貴散是故水不亂彎彎則氣全水不亂聚聚則龍會聚則靜曲則動動者宜流急聚者須要澄清古云洋洋大水為關鎖關鎖裏面真龍住真龍裏面看砂頭無砂要水鈎有龍之處不怕大結穴之處須用小龍身水大似浮漚富貴不能休穴前水小似眠弓乾涸亦真踪貴者重重水作峽賤者無峽似攤皮粗出細細出粗重重剝換大取小小取大疊疊砂彎砂彎者須得緊抱剝換者且要方圓取大者不宜散濶取小者又怕卑窄卑窄者恐下不旺散濶者恐氣不收龍愈斷穴愈佳水愈深福愈厚要堂氣之兜收宜局面之整齊一水之流曲處可搜二水之流合處可求四水之聚公侯所出衆水之聚立郡遷州大旺則衆聚小發則獨流貴者龍氣之清富者水神之厚氣聚處須尋薄取氣散處須尋厚栽人丁集集到頭龍氣之旺孤寡頻頻入穴水神之蕩人浮者水勝財旺者土厚水大者寬葬水小者近栽